D1265981

Bengali—English

Bilingual Visual Dictionary

Milet

Milet Publishing
Smallfields Cottage, Cox Green
Rudgwick, Horsham, West Sussex
RH12 3DE England
info@milet.com
www.milet.com
www.milet.co.uk

First English-Bengali edition published by Milet Publishing in 2012

ISBN 978 1 84059 685 4

Designed by Christangelos Seferiadis

Printed and bound in Turkey by Ertem Matbaası

Contents সূচিপত্র

- **Animals**
  - *Birds...4*
  - *Domestic Animals...7*
  - *Insects...10*
  - *Reptiles & Amphibians...12*
  - *Sea Creatures...14*
  - *Wild Animals...16*

- **The Human Body...21**

- **House**
  - *Structure of House...24*
  - *Living Room...25*
  - *Bedroom...26*
  - *Bathroom...27*
  - *Dining Room...28*
  - *Kitchen...29*
  - *Household Objects...32*
  - *Domestic Appliances...34*

- **Clothing & Personal objects**
  - *Clothing...38*
  - *Personal Objects...42*

- **Tools...48**

- **Technology...52**

- **Food...54**
  - *Fruit & Vegetables...55*
  - *Bakery...62*
  - *Nuts...64*
  - *Meat...65*
  - *Miscellaneous Food...66*
  - *Dairy Products...70*
  - *Beverages...71*

- **Transportation**
  - *Vehicles...72*
  - *Other...80*

- **Nature**
  - *Plants...82*
  - *Land Forms...89*
  - *Weather...94*

- **Earth and Space**
  - *Earth...96*
  - *Space...98*
  - *Environment...100*

- **Sports...102**

- **The Arts...108**

- **Musical Instruments...110**

- **Time...114**

- **School...118**

- **Numbers...124**

- **Shapes & Colors**
  - *Shapes...130*
  - *Colors...132*

- **Punctuation Marks...134**

- **Symbols...135**

- **Index...136**

- **পশু**
  - *পাখি...4*
  - *গৃহপালিত পশু...7*
  - *পোকামাকড়...10*
  - *সরীসৃপ এবং উভচর...12*
  - *সমুদ্রের প্রানি...14*
  - *বন্যপ্রাণী...16*

- **মানব দেহ...21**

- **বাড়ি**
  - *বাড়ির কাঠামো...24*
  - *বসার ঘর...25*
  - *শোবার ঘর...26*
  - *বাথরুম...27*
  - *শোবার ঘর...28*
  - *রান্নাঘর...29*
  - *বাড়িতে ব্যবহারের যন্ত্রপাতি...32*
  - *গৃহস্থালি যন্ত্রপাতি...34*

- **পোশাক ও ব্যক্তিগত জিনিস**
  - *কাপড়চোপড়...38*
  - *ব্যক্তিগত জিনিস...42*

- **যন্ত্রপাতি...48**

- **প্রযুক্তি...52**

- **খাদ্যদ্রব্য...54**
  - *ফল ও শাকসবজি...55*
  - *রুটি তৈরির কারখানা...62*
  - *বাদাম...64*
  - *মাংস...65*
  - *বিভিন্ন খাদ্যদ্রব্য...66*
  - *দুধ থেকে তৈরি খাবার...70*
  - *পানীয়...71*

- **পরিবহন**
  - *যানবাহন...72*
  - *অন্যান্য...80*

- **প্রকৃতি**
  - *গাছপালা...82*
  - *ভূপ্রকৃতি...89*
  - *আবহাওয়া...94*

- **পৃথিবী ও মহাশূন্য**
  - *পৃথিবী...96*
  - *মহাকাশ...98*
  - *পরিবেশ...100*

- **খেলা...102**

- **শিল্পকলা...108**

- **বাদ্যযন্ত্র...110**

- **সময়...114**

- **স্কুল...118**

- **সংখ্যা...124**

- **আকার এবং রঙ**
  - *আকৃতি...130*
  - *রং...132*

- **বিরামচিহ্ন...134**

- **চিহ্ন...135**

- **Index...136**

Animals | পশু

Birds | পাখি

robin
দোয়েল

crow
কাক

beak
পাখির ঠোঁট

claw
থাবা

feather
পালক

cage
খাঁচা

eagle
ঈগল

egg
ডিম

falcon
বাজপাখি

flamingo
কানঠুঁটি বা
কলহংস

gull
শঙ্খচিল

hawk
বাজপাখি

heron
বক পাখি

lovebird
তোতাপাখি

nest
পাখির বাসা

ostrich
উটপাখি

owl
প্যাঁচা

parrot
তোতাপাখি

peacock
ময়ূর

pelican
একরকমের জলচর পাখি

pigeon
কবুতর

sparrow
চড়ুই পাখি

stork
সারস পাখি

swallow
একধরনের ছোট পাখি

swan
রাজহাঁস

vulture
শকুন

wing
পাখির পাখা

woodpecker
কাঠঠোকরা

barn
গোলাঘর

bull
ষাঁড়

calf
বাছুর

cow
গরু

cat
বিড়াল

kitten
বিড়ালের বাচ্চা

dog
কুকুর

doghouse
কুকুরের থাকার ঘর

puppy
কুকুরছানা

7

collar
কুকুরের গলায়
বাঁধার বেল্ট

goose
রাজহাঁস

chick
মুরগির বাচ্চা

crest
মোরগের মাথার ঝুঁটি

rooster
মোরগ

hen
মুরগি

duck
হাঁস

turkey
বিশেষ ধরণের পাখি যার
মাংস খাওয়া হয়

গৃহপালিত পশু | Domestic Animals

lamb
ভেড়া

goat
ছাগল

sheep
ভেড়া

camel
উট

pig
শূকর

donkey
গাধা

pet
পোষা প্রাণী

horse
ঘোড়া

hoof
পশুর খুর

ant
পিপড়া

moth
মথ

beetle
গুবরে পোকা

cocoon
রেশমের গুটি

caterpillar
শুয়োপোকা

butterfly
প্রজাপতি

cricket
ঝিঁঝিঁপোকা

grasshopper
ঘাসফড়িং

dragonfly
ফড়িং

bee
মৌমাছি

beehive
কাঠের তৈরি মৌচাক

wasp
বোলতা

ladybird
গুবরে পোকা

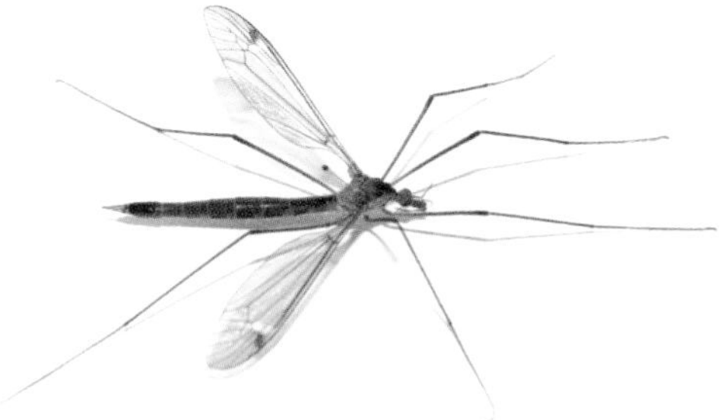

mosquito
মশা

fly
মাছি

scorpion
বিচ্ছু

spider
মাকড়শা

cobweb
মাকড়শার জাল

snail
শামুক

chameleon
গিরগিটি

frog
ব্যাঙ

crocodile
কুমির

iguana
একধরনের
গেছো সরীসৃপ

newt
গোসাপ

lizard
টিকটিকি

earthworm
কেঁচো

salamander
গিরগিটি সদৃশ সরীসৃপ / আগ্নেয়গোধা

snake
সাপ

tadpole
ব্যাঙ্গাচি

toad
ব্যাঙ

tortoise
কচ্ছপ

13

jellyfish
জেলি মাছ

crab
কাঁকড়া

crayfish
বাগদা চিংড়ি

dolphin
শুশুক

lobster
গলদা চিংড়ি

whale
তিমি মাছ

fish
মাছ

octopus
আট বাহু বিশিষ্ট
সামুদ্রিক জন্তু

সমুদ্রের প্রানি

Sea Creatures

penguin
পেঙ্গুইন

seahorse
সিন্ধু ঘোটক

seal
সীল মাছ

shark
হাঙ্গর

walrus
সিন্ধুঘোটক

starfish
তারামাছ

turtle
কচ্ছপ

seaweed
সামুদ্রিক শৈবাল

coral
প্রবাল

Wild Animals
বন্যপ্রাণী

bat
বাদুড়

bear
ভালুক

koala
কোয়ালা

polar bear
শ্বেত ভল্লুক

elephant
হাতি

tusk
হাতির দাঁত

raccoon
উত্তর আমেরিকার ভল্লুক জাতীয় প্রাণি

chimpanzee
শিম্পাঞ্জি

gorilla
গরিলা

giraffe
জিরাফ

skunk
উত্তর আমেরিকার ভোঁদর জাতীয় প্রাণী

fox
শিয়াল

wolf
নেকড়ে বাঘ

monkey
বানর

Animals পশু

Wild Animals বন্যপ্রাণী

cub
পশুশাবক

mane
কেশর

lion
সিংহ

leopard
চিতাবাঘ

tiger
বাঘ

llama
দক্ষিণ আমেরিকার একরকমের উট

kangaroo
ক্যাঙ্গারু

zebra
জেব্রা

horn
পশুর শিং

deer
হরিণ

hippopotamus
জলহস্তী

fawn
হরিণ শাবক

panda
পাণ্ডা

rhinoceros
গণ্ডার

mole
ছুঁচা

hedgehog
শজারু

mouse
ইঁদুর

squirrel
কাঠবিড়ালি

tail
লেজ

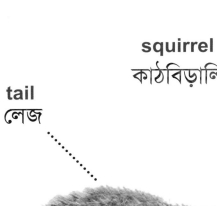

rat
ইঁদুর

rabbit
খরগোশ

otter
ভোঁদর

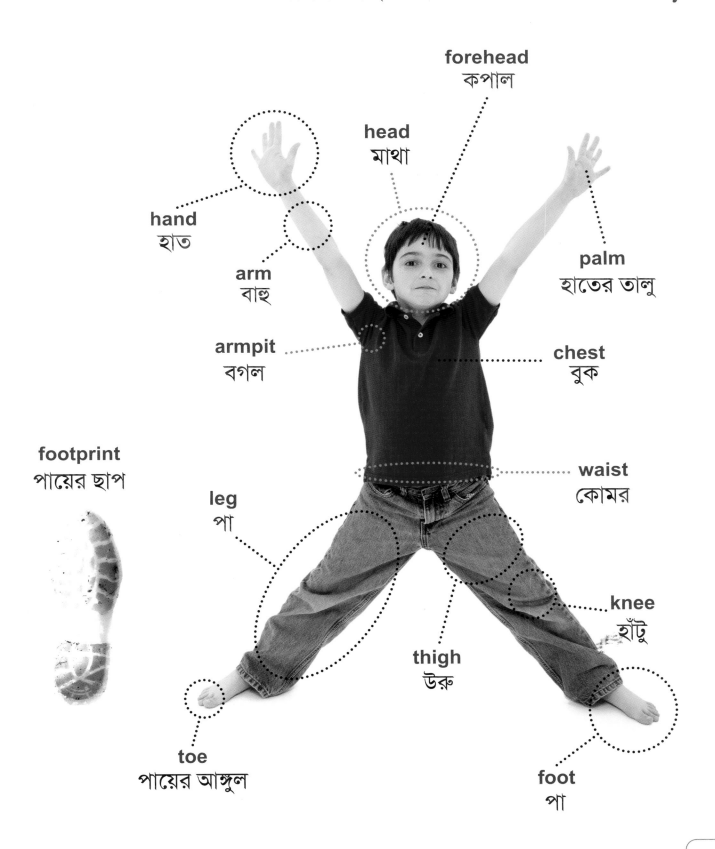

forehead
কপাল

head
মাথা

hand
হাত

palm
হাতের তালু

arm
বাহু

armpit
বগল

chest
বুক

footprint
পায়ের ছাপ

waist
কোমর

leg
পা

knee
হাঁটু

thigh
উরু

toe
পায়ের আঙুল

foot
পা

The Human Body

মানব দেহ

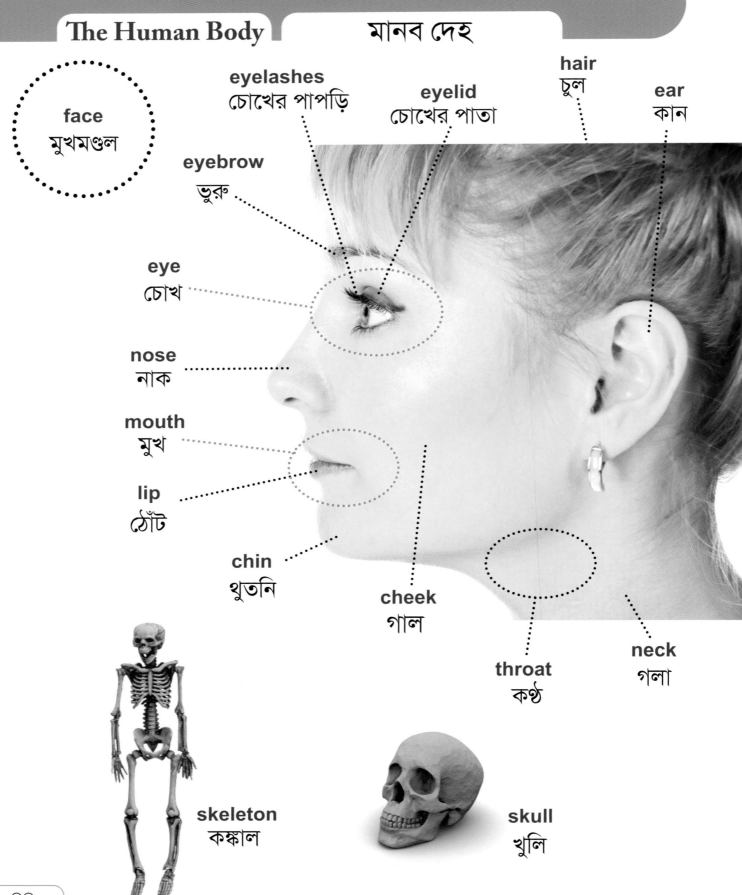

face
মুখমণ্ডল

eyelashes
চোখের পাপড়ি

eyelid
চোখের পাতা

hair
চুল

ear
কান

eyebrow
ভুরু

eye
চোখ

nose
নাক

mouth
মুখ

lip
ঠোঁট

chin
থুতনি

cheek
গাল

throat
কণ্ঠ

neck
গলা

skeleton
কঙ্কাল

skull
খুলি

22

মানব দেহ

The Human Body

shoulder
কাঁধ

elbow
কনুই

navel
নাভি

hip
নিতম্ব

shin
...ুর নিচে পায়ের
সামনের অংশ

calf
পায়ের ডিম

ankle
পায়ের গাঁট

heel
পায়ের গোড়ালি

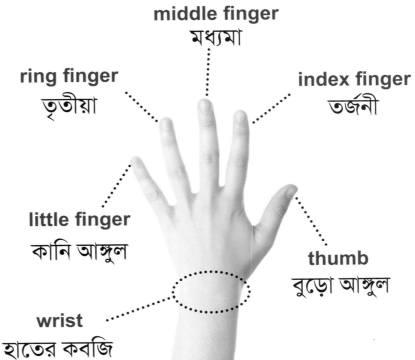

middle finger
মধ্যমা

ring finger
তৃতীয়া

index finger
তর্জনী

little finger
কানি আঙ্গুল

thumb
বুড়ো আঙ্গুল

wrist
হাতের কবজি

fingerprint
আঙ্গুলের ছাপ

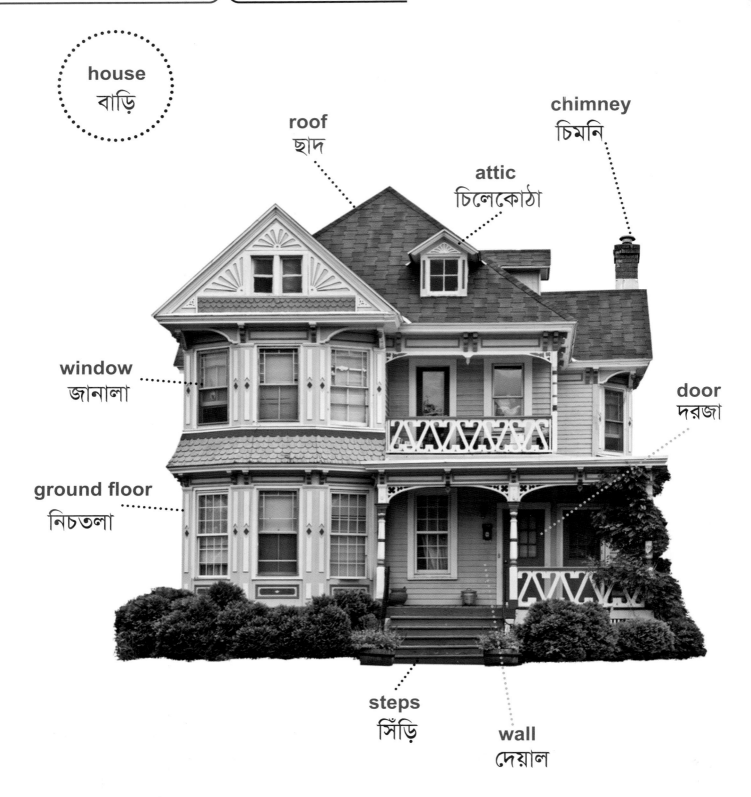

Structure of House বাড়ির কাঠামো

house
বাড়ি

roof
ছাদ
chimney
চিমনি
attic
চিলেকোঠা
window
জানালা
door
দরজা
ground floor
নিচতলা
steps
সিঁড়ি
wall
দেয়াল

ceiling
ছাদ
curtain
পর্দা
sofa
সোফা
fireplace
র গরম করার জন্য আগুন
জ্বালানোর জায়গা
floor
মেঝে
cushion
কুশন

rocking chair
দোল খাওয়ার চেয়ার

armchair
আরাম কেদারা

folding chair
ভাজঁ করে রাখা যায়
এমন চেয়ার

carpet
গালিচা

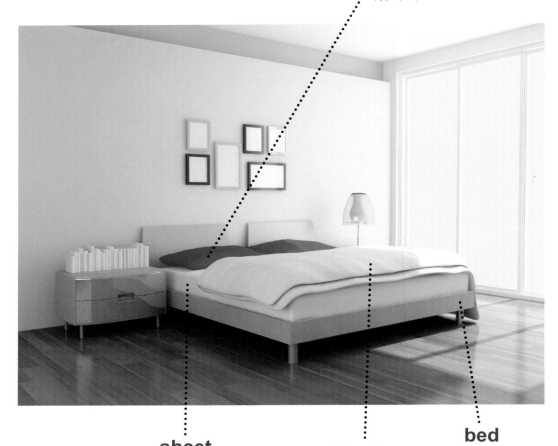

pillow
বালিশ

sheet
চাদর

blanket
কম্বল

bed
বিছানা

wardrobe
জামাকাপড় রাখার আলমারি

comforter
লেপ

rug
কম্বল

towel
তোয়ালে

mirror
আয়না

shower
ঝর্না

soap
সাবান

bathtub
গোসলের চৌবাচ্চা

plumbing
পানির নল

shelf
তাক

sponge
ধোয়ামোছার কাজে
ব্যবহার হয় এমন
বিশোষক দ্রব্য

toilet paper
টয়লেট পেপার

toilet
টয়লেট

chair
চেয়ার

dining table
ভোজনের টেবিল

cabinet
দেরাজ আলমারি

tableware
বাসনকোসন এবং
ছুরিকাঁটা

stool
বসার টুল বা মোড়া

refrigerator
ফ্রিজ

pot
পাত্র

bowl
বাটি

pressure cooker
দমে রান্না করার পাত্র

frying pan
ভাজার তাওয়া

bottle
বোতল

glass
গ্লাস

jar
বয়াম

shaker
লবণ রাখার পাত্র

jug
জগ

knife
ছুরি

plate
থালা

fork
কাঁটাচামচ

spoon
চামচ

scale
নিক্তি বা ওজন মাপার যন্ত্র

sink
বেসিন

faucet
কল

cutting board
রান্নাঘরে কাটাকুটির বোর্ড

juice extractor
ফলের রস বানানোর যন্ত্র

teaspoon
চা-চামচ

burner
চুলা

teapot
চা রাখার পাত্র

House বাড়ি

basket
ঝুড়ি

box
বাক্স

broom
ঝাড়ু

bucket
ঝুড়ি

candle
মোমবাতি

clock
ঘড়ি

clothespin
কাপড় আটকানোর ক্লিপ

doormat
পাপোশ

ironing board
ইস্ত্রি করার টেবিল

flowerpot
ফুলগাছের টব

jerrycan
নি বা জ্বালানী তেল বহনের কেনেস্তারা

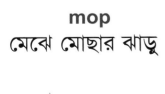

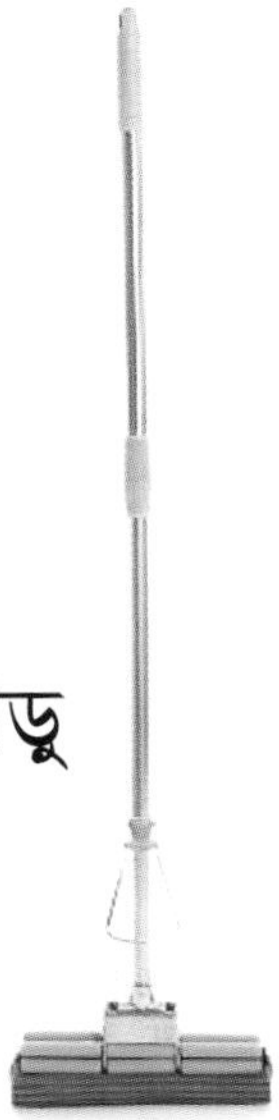

mop
মেঝে মোছার ঝাড়ু

sack
বস্তা

vase
ফুলদানি

33

air conditioner
শীতাতপ নিয়ন্ত্রণ যন্ত্র

radiator
উষ্ণতা বাড়ানোর যন্ত্র

ceiling fan
ছাদে লাগানো পাখা

bedside lamp
বিছানার পাশে রাখার বাতি

desk lamp
পড়ালেখার টেবিলে রাখার লণ্ঠন

chandelier
ঝাড়বাতি

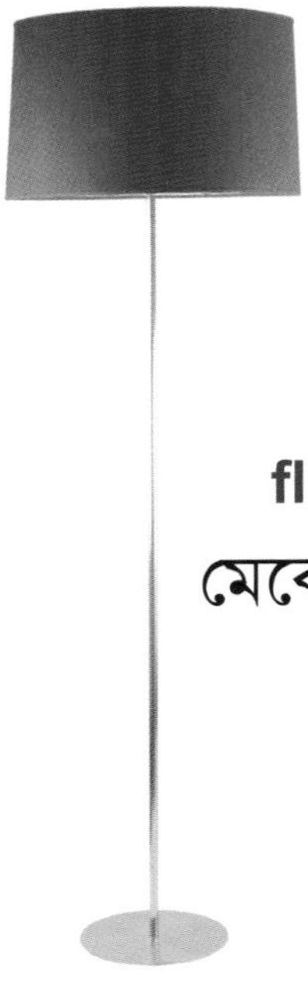

floor lamp
মেঝেতে রাখার বাতি

lamp
লণ্ঠন

বাড়ি | House
গৃহস্থালি যন্ত্রপাতি | Domestic Appliances

toaster
রুটি সেঁকার যন্ত্র

deep fryer
ডুবোতেলে ভাজার পাত্র

electric cooker
বৈদ্যুতিক চুলা

oven
তন্দুর

microwave oven
মাইক্রোওয়েভ ওভেন

sewing machine

সেলাই মেশিন

doorbell

দরজার ঘণ্টা

food processor

খাদ্যদ্রব্যাদি কাটা ও মিশ্রণের যন্ত্র

electrical outlet

বৈদ্যুতিক প্লাগ
লাগানোর জায়গা

blender

মিশ্রণ যন্ত্র

door handle

দরজার হাতল

dishwasher
থালাবাসন ধোয়ার মেশিন

television
টেলিভিশন

iron
ইস্ত্রি

washing machine
কাপড় ধোয়ার মেশিন

vacuum cleaner
ধুলাবালি পরিষ্কারের যন্ত্র

suit
স্যুট

tracksuit
ট্র্যাকস্যুট

dress
জামা

pocket
পকেট

bathrobe
গোসলের কাপড়

jumpsuit
একসাথে সেলাই করা
জামাপ্যান্ট

swimming trunks
পুরুষদের সাঁতারের
পোশাক

swimsuit
মেয়েদের সাঁতারের
পোশাক

blouse
ব্লাউজ

cardigan
কারডিগান

sweater
সোয়েটার

shirt
শার্ট

t-shirt
টিশার্ট

jeans
জিনসের প্যান্ট

shorts
হাফ প্যান্ট

skirt
ঘাগরা

trousers
প্যান্ট

beret
টুপি

cap
টুপি

hat
টুপি

bow tie
বো টাই

belt
কোমরবন্ধনী

tie
টাই

scarf
উড়নি

foulard
হালকাভাবে বোনা কাপড়ে তৈরি ওড়না

glove
দস্তানা

40

flip-flops
চপ্পল

slippers
চপ্পল

sandal
চপ্পল

boots
বুটজুতা

heel
জুতার গোড়ালি

sneakers
কেডস জুতা

shoes
জুতা

socks
মোজা

shoelaces
জুতার ফিতা

emerald
পান্না

diamond
হীরা

ruby
মানিক

earrings
কানের দুল

necklace
গলার হার

ring
আংটি

bracelet
বালা বা চুড়ি

jewellery
গয়না

watch
ঘড়ি

backpack
পিঠে বহনের ব্যাগ

briefcase
ব্রিফকেস

badge
তকমা

passport
পাসপোর্ট

suitcase
সুটকেস

shoulder bag
কাঁধে ঝোলানোর ব্যাগ

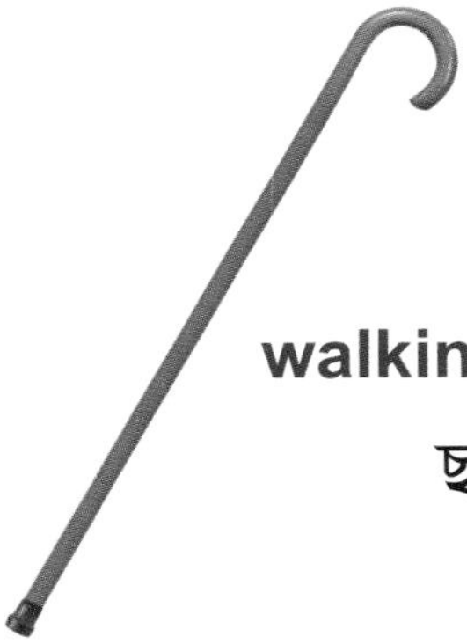

walking stick
ছড়ি

purse
হাতব্যাগ

wallet
টাকা রাখার ব্যাগ

umbrella
ছাতা

clothes brush
কাপড় পরিষ্কারের ব্রাশ

clothes hanger
কাপড় ঝোলানোর হ্যাঙ্গার

button
বোতাম

cloth
ন্যাকড়া

ribbon
ফিতা

reel
সুতার নাটাই

thread
সুতা

zipper
চেইন

comb
চিরুনি

hairbrush
চুল আঁচড়ানোর ব্রাশ

perfume
সুগন্ধী

hairpin
চুল আটকানোর ক্লিপ

hair dryer
চুল শুকানোর যন্ত্র

eye glasses
চশমা

sunglasses
রোদচশমা

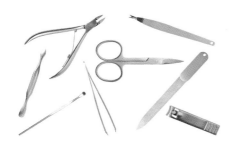

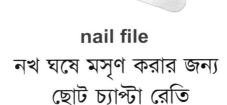

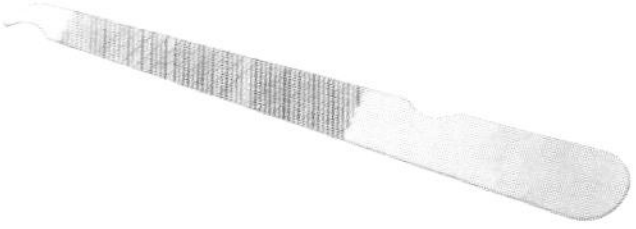

nail file
নখ ঘষে মসৃণ করার জন্য
ছোট চ্যাপ্টা রেতি

tweezers
চিমটা

manicure set
হাত ও নখের প্রসাধন সামগ্রী

razor
দাঁড়ি কাটার যন্ত্র

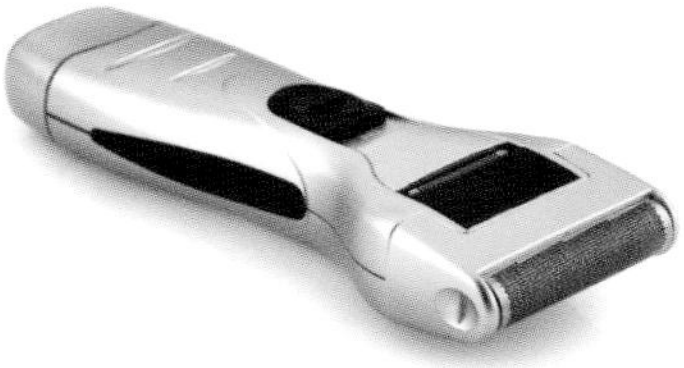

electric razor
দাঁড়ি কাটার বৈদ্যুতিক যন্ত্র

nail clippers
নখ কাটার যন্ত্র

toothbrush
টুথব্রাশ

toothpaste
টুথপেস্ট

shaving brush
দাঁড়িতে সাবান
লাগানোর ব্রাশ

gas lighter
লাইটার

matchbox
দেশলাই কাঠির বাক্স

key
চাবি

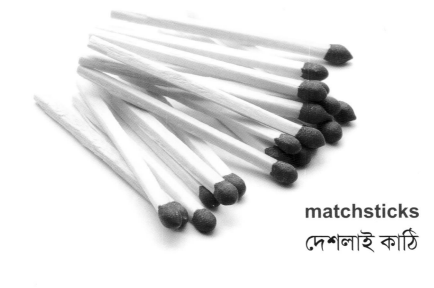

matchsticks
দেশলাই কাঠি

sewing needle
সেলাইয়ের সুঁই

pins
কাঁটা বা আলপিন

safety pin
সেফটিপিন

47

adjustable wrench
নাটবল্টু খোলা বা লাগানোর জন্য
ছোটবড় করা যায় এরকম যন্ত্র

combination wrenches
নানা সাইজের প্যাঁচকল

long-nose pliers
একরকমের সাঁড়াশি

mole wrench
একধরণের প্যাঁচকল

open ended wrench
উভয়দিক খোলা
এমনধরণের প্যাঁচকল

slip joint pliers
সাঁড়াশি

nut
বিশেষধরণের আংটা

toolbox
যন্ত্রপাতি রাখার বাক্স

spirit level
উপরিভাগ সমতল কিনা দেখার যন্ত্র

battery
ব্যাটারি

car battery
গাড়ির ব্যাটারি

drill bit
নলাকৃতি ছিদ্র বানানোর যন্ত্র

screw
স্ক্রু

electric drill
ছিদ্র করার বৈদ্যুতিক যন্ত্র

screwdriver
স্ক্রু লাগানো বা
খোলার যন্ত্র

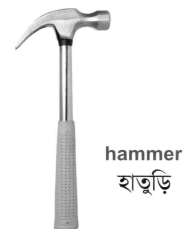

hammer
হাতুড়ি

nail
নখ

mallet
ছোট কাঠের মুগুর

chain
শেকল

fire extinguisher
আগুন নেভানোর যন্ত্র

safety helmet
হেলমেট

padlock
তালা

ladder
মই

plug
বৈদ্যুতিক প্লাগ

torch
টর্চ

tape measure
মাপার ফিতা

axe
কুড়াল

chisel
বাটালি

handsaw
করাত

hose
ছপালায় পানি দেয়ার নল

rope
দড়ি

rake
আঁচড়া

pickax
খনিখননের কুড়াল

shovel
বেলচা

wheelbarrow
ঠেলাগাড়ি

answering machine
ফোনের বার্তা রাখার যন্ত্র

telephone
টেলিফোন

chip
চিপ

monitor
কম্পিউটারের
মনিটর

computer
কম্পিউটার

keyboard
কিবোর্ড

scanner
কম্পিউটারের স্ক্যানার

printer
কম্পিউটারের
প্রিন্টার

newspaper
সংবাদপত্র

microphone
মাইক

cable
তার

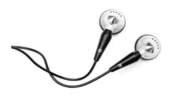

earphones
কানে শোনার যন্ত্র

speaker
শব্দ প্রক্ষেপণ যন্ত্র

radio
রেডিও

video camera
ভিডিও ক্যামেরা

supermarket
বৃহৎ বিপণী

checkout
দোকানে মূল্য
পরিশোধের জায়

market
বাজার

restaurant
রেস্তোরাঁ

apple
আপেল

appricot
অ্যাপ্রিকট

avocado
অ্যাভোকাডো

blackberry
ব্ল্যাকবেরি

blueberry
ব্লুবেরি

banana
কলা

raspberry
রাস্পবেরি

strawberry
স্ট্রবেরি

cherry
চেরি

grape
আঙ্গুর

kiwi
কিউয়ি

peach
পিচ

grapefruit
মোসাম্বি লেবু

mandarin
পাতলা খোসার মিষ্টি
কমলালেবু

orange
কমলালেবু

melon
তরমুজ

watermelon
তরমুজ

pear
নাশপাতি

plum
আলুবোখারা

mango
আম

pomegranate
ডালিম

quince
একরকমের ফল

pineapple
আনারস

coconut
নারিকেল

corncob
ভুট্টা

corn
ভুট্টার দানা

carrot
গাজর

lemon
লেবু

garlic
রসুন

mushroom
ছত্রাক

pepper
একধরণের সবজি

chili pepper
ঝাল মরিচ

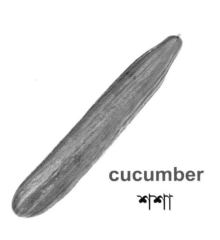

cucumber
শশা

tomato
টমেটো

onion
পেঁয়াজ

potato
আলু

pumpkin
মিষ্টিকুমড়া

okra
ঢেঁড়স

green bean
শিম

peas
মটরশুঁটি

artichoke
আর্টিচোক

asparagus
অ্যাসপারাগাস

broccoli
ব্রকলি

cauliflower
ফুলকপি

cabbage
বাঁধাকপি

aubergine
বেগুন

marrow
একধরনের লাউ জাতীয় সবজি

turnip
গাজর জাতীয় সবজি

celery
সেলেরি

lettuce
লেটুস পাতা

spinach
পালং শাক

leek
একররকমের শাক

radish
মূলা

spring onion
পেয়াজপাতা

dill
একরকমের ওষধি গাছ

mint
পুদিনা

parsley
একরকমের গুল্ম

61

flour
ময়দা

bread
রুটি

slice of bread
রুটির টুকরা

crackers
পাতলা মচমচে বিস্কুট

cookie
বিস্কুট

chocolate chip cookie
দানাদার চকলেটযুক্ত বিস্কুট

toast
সেঁকা রুটি

pie
মাংস বা ফলের পুরযুক্ত পিঠা

pizza
একরকমের খাবার

burger
বার্গার

sandwich
স্যান্ডউইচ

cake
কেক

pancakes
একরকমের পিঠা

Nuts বাদাম

almond
কাঠবাদাম

hazelnut
লালচে রংয়ের খোসার বাদাম

chestnut
একধরণের বাদাম

pistachio
পেস্তা বাদাম

peanut
চিনাবাদাম

walnut
আখরোট

chicken
মুরগি

ground beef
গরুর মাংসের কিমা

sausage
সসেজ

steak
পুরু মাংসের ফালি

fish
মাছের টুকরা

Miscellaneous Food | বিভিন্ন খাদ্যদ্রব্য

yolk
ডিমের কুসুম

egg
ডিম

pasta
পাস্তা

rice
ভাত

lentils
ডাল

beans
শিমের বিচি

oil
তেল

olive oil
জলপাইয়ের তেল

canned food
টিনজাত খাদ্য

honey
মধু

olive
জলপাই

salad
নানা রকম কাঁচা শাকসবজি
দিয়ে বানানো খাবার

black pepper
গোলমরিচ

salt
লবণ

French fries
আলু ভাজি

snacks
হালকা নাশতা

soup
শুরুয়া

candies
লজেন্স

sugar
চিনি

breakfast
সকালের নাশতা

chocolate
চকলেট

dessert
ভোজের শেষ পদ ফল এবং মিষ্টান্ন

ice cream
আইসক্রিম

popcorn
ভুট্টা

butter
মাখন

cheese
পনির

cream
দুধের সর বা মাখন

milk
দুধ

yogurt
দই

coffee
কফি

fruit juice
ফলের রস

lemonade
লেবুর শরবত

orange juice
কমলালেবুর রস

water
পানি

ice cube
বরফের টুকরা

tea
চা

71

windscreen
গাড়ির সামনের কাঁচের আচ্ছাদন

car
গাড়ি

hood
গাড়ির ছাদ

spoke
চাকার স্পোক

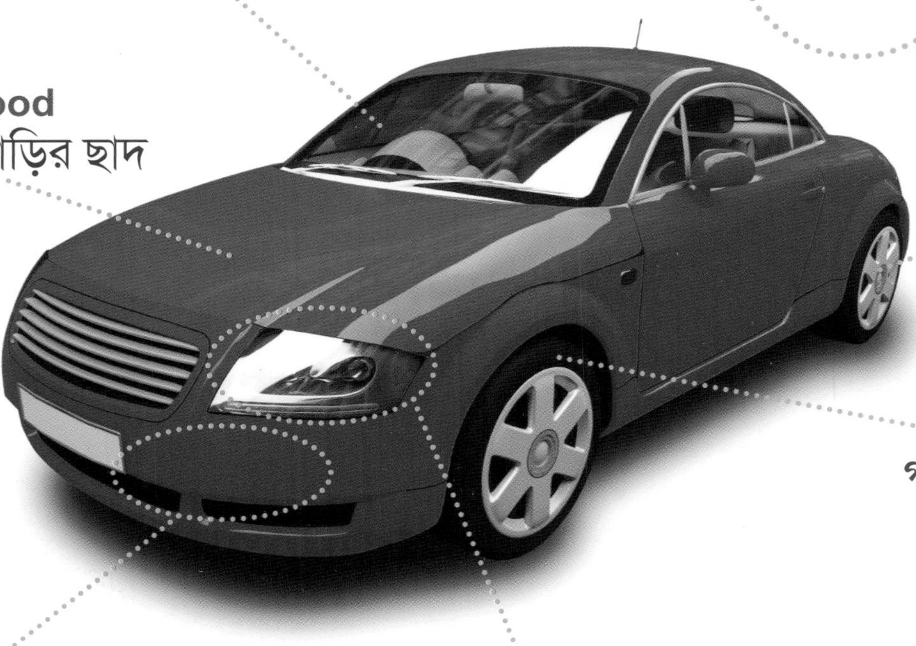

tire
গাড়ির চাকা

fender
গাড়ির বাম্পার

headlight
গাড়ির সামনের বাতি

trunk
গাড়ির বুট

steering wheel
গাড়ির স্টিয়ারিং হুইল

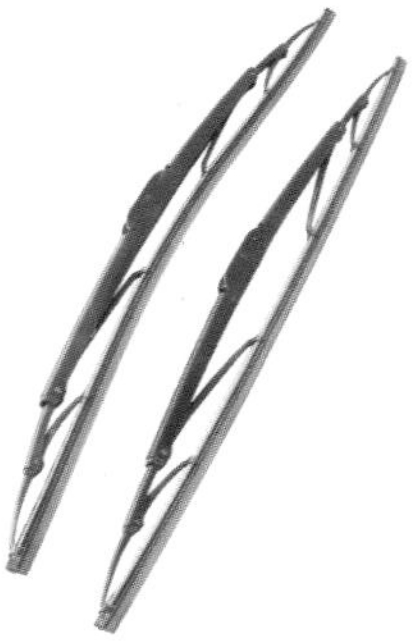

gas cap
গাড়ির তেলের
ট্যাংকের ঢাকনা

engine
গাড়ির ইঞ্জিন

windscreen wipers
গাড়ির সামনের কাঁচের আচ্ছাদন পরিস্কারের জিনিস

minivan
ছোট গাড়ি যাতে মাল পরিবহন করা যায়

van
মালবহনের মাঝারি আকারের গাড়ি

camper van
অবকাশ যাপনের গাড়ি

pickup truck
একরকমের গাড়ি

dump truck
ময়লা সংগ্রহের গাড়ি

truck
ভারী পণ্যবাহী গাড়ি

transporter
একধরনের মালবাহী গাড়ি

tow truck
যানবাহন বহনের উপযোগী গাড়ি

Transportation
Vehicles

পরিবহন
যানবাহন

bulldozer
বুলডোজার

digger truck
মাটি খননকারী ট্রাক

forklift
পণ্যসামগ্রী যান্ত্রিকভাবে ওঠানা
করানোর ব্যবস্থা আছে
এমন গাড়ি

tractor
কলের লাঙ্গল

fire truck
আগুন নেভানোর গাড়ি

ambulance
এম্বুলেন্স

police car
পুলিশের গাড়ি

race car
দ্রুতগতি সম্পন্ন গাড়ি

bicycle
দুই চাকার সাইকেল

saddle
সাইকেলের বসার সিট
handlebars
সাইকেলের হাতল
wheel
চাকা
brake
ব্রেক
pedal
প্যাডেল

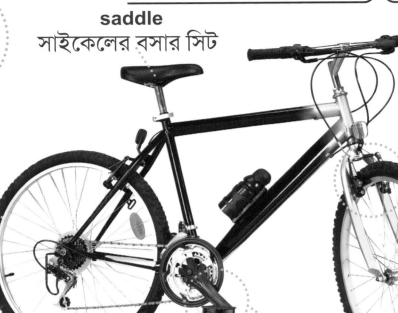

scooter
একরকমের গাড়ি

motorcycle
মোটরসাইকেল

traffic light
ট্রাফিক বাতি

stroller
শিশুকে নিয়ে বেড়ানোর জন্যে চাকা লাগানো চেয়ার

rollerblade
চাকা লাগানো জুতা

sled
বরফের ওপর চলাচলের জন্য চাকাহীন বিশেষ যান

airplane
বিমান

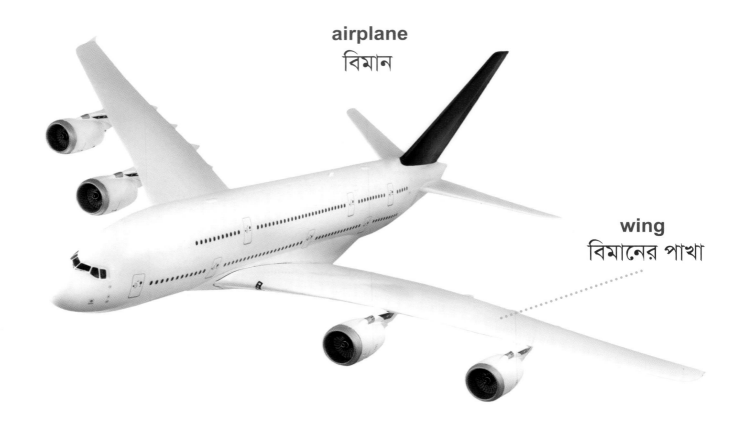

wing
বিমানের পাখা

helicopter
হেলিকপ্টার

flight deck
বিমান চালনার জায়গা

wagon
মালগাড়ি

streetcar
ট্রাম

train
রেলগাড়ি

bus
বাস

underground
পাতাল রেল

container ship
মালবাহী জাহাজ

cruise ship
সমুদ্রে প্রমোদ ভ্রমণের জাহাজ

container
মালবাহী লোহার বাক্স

yacht
একরকমের নৌকা

deck
জাহাজের ডেক

ship
জাহাজ

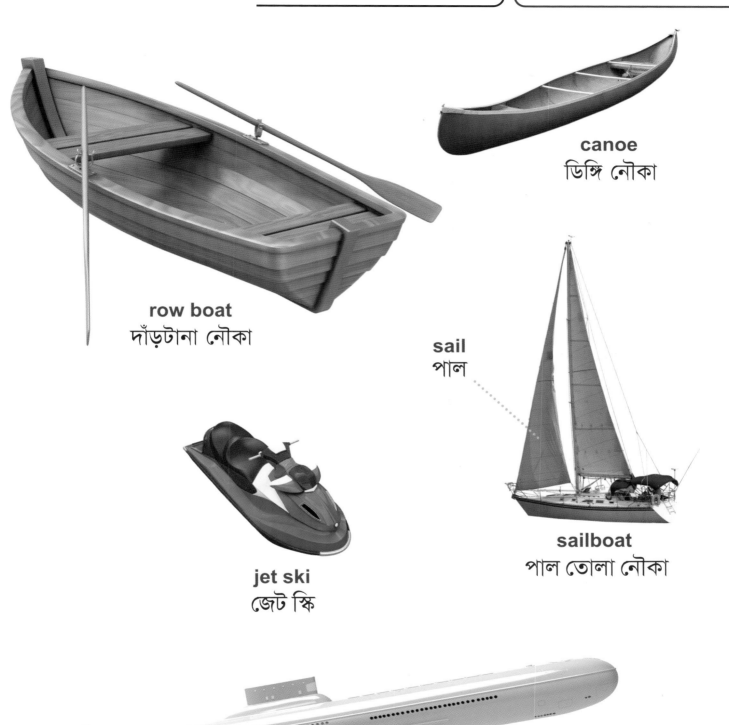

row boat
দাঁড়টানা নৌকা

canoe
ডিঙ্গি নৌকা

sail
পাল

jet ski
জেট স্কি

sailboat
পাল তোলা নৌকা

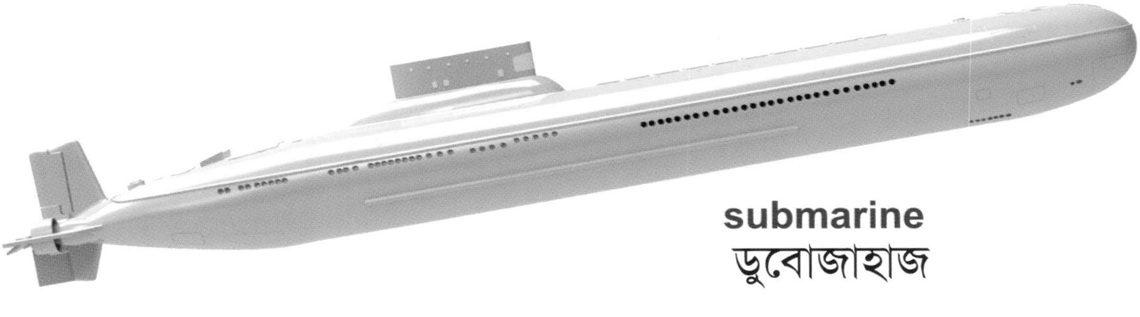

submarine
ডুবোজাহাজ

airport
বিমানবন্দর

passenger terminal
বিমানবন্দরের যাত্রী টার্মিনাল

bus stop
বাস স্টপ

crosswalk
জেব্রা ক্রসিং

sidewalk
ফুটপাত

street
রাস্তা

road
রাস্তা

highway
মহাসড়ক

traffic
যানজট

garage
গাড়ি রাখার জায়গা

gas station
তেলের স্টেশন

gas pump
তেল ভরার পাম্প

bridge
সেতু

pier
নদী বা সমুদ্রে তৈরি কাঠামো

port
বন্দর

railroad station
রেলস্টেশন

railroad track
রেললাইন

tunnel
সুড়ঙ্গ

bud
মুকুল

begonia
বিগোনিয়া

camellia
ক্যামেলিয়া

cotton
তুলা

carnation
কারনেশন

daisy
ডেইজি

fuchsia
ফুশিয়া

gardenia
গার্ডেনিয়া

geranium
জেরানিয়াম

hyacinth
হিয়াসিন্থ

jonquil
জঙ্কিল

iris
আইরিস

jasmine
জুঁই

lavender
ল্যাভেন্ডার

lilac
লাইল্যাক

magnolia
ম্যাগনোলিয়া

moss
শ্যাওলা

narcissus
নার্সিসাস

nettle
বিছুটি

poppy
পপি

weed
আগাছা

snapdragon
স্ন্যাপড্রাগন

orchid
বিচিত্র ও উজ্জ্বল রংয়ের ফুল
হয় এমন লতাগাছ

water lily
শাপলা ফুল

rose
গোলাপ

tulip
টিউলিপ

snowdrop
বসন্তের শুরুতে ফোটে

sunflower
সূর্যমুখী

palm tree
তাল গাছ

vineyard
আঙ্গুরক্ষেত

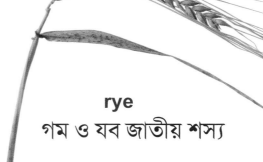

rye
গম ও যব জাতীয় শস্য

oats
জই

pine cone
দেবদারু গাছের ফল

wheat
গম

cactus
ফণীমনসা

grass
ঘাস

root
শেকড়

bush
ঝোপ

stem
গাছের কান্ড

tree
গাছ

leaf
পাতা

petal
ফুলের পাপড়ি

garden
বাগান

field
মাঠ

harvest
ফসল

wood
কাঠ

log
কাঠের গুঁড়ি

hay
খড়

beach
সমুদ্রসৈকত বা বেলাভূমি

coast
উপকূল

island
দ্বীপ

sand
বালি

ocean
মহাসাগর

marsh
জলাভুমি

lake
হ্রদ

river
নদী

pebbles
নুড়িপাথর

stream
পানির ধারা

waterfall
জলপ্রপাত

desert
মরুভূমি

layer
আস্তরণ

stone
পাথর

clay
কাদামাটি

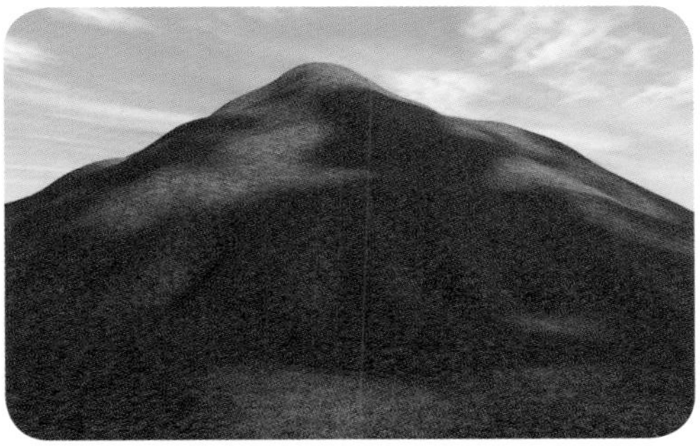

hill
ছোট পর্বত

mountain
পাহাড়

jungle
জঙ্গল

forest
বন

soil
মাটি

cliff
খাড়া উঁচু পাহাড় – বিশেষত সাগরপাড়ে

path
পথ

valley
উপত্যকা

cave
গুহা

rock
পাথর

rocky landscape
নড়বড়ে শিলাময় স্থলভূমি

coal
কয়লা

slope
ঢালু জায়গা

volcano
আগ্নেয়গিরি

avalanche
তুষারধ্বস

snow
তুষার

frost
তুষার

icicle
সূচাগ্র বরফখন্ড বা তুষারিকা

hail
শিলাবৃষ্টি

cloud
মেঘ

lightning
বিদ্যুৎ চমকানো

tornado
শক্তিশালী ঘূর্ণিঝড়

rain
বৃষ্টি

fog
কুয়াশা

flood
বন্যা

wind
বাতাস

Europe
ইউরোপ

North America
উত্তর আমেরিকা

South America
দক্ষিণ আমেরিকা

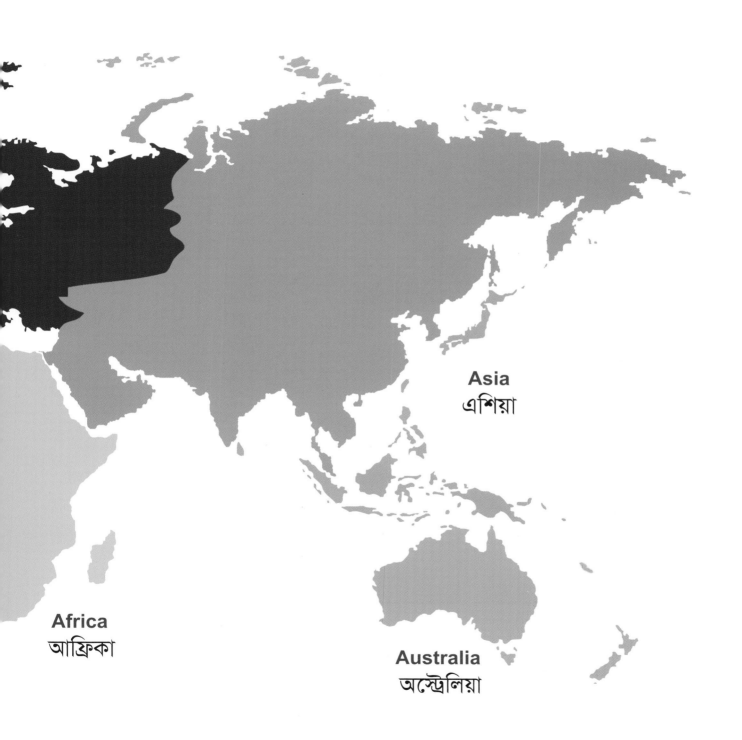

Asia
এশিয়া

Africa
আফ্রিকা

Australia
অস্ট্রেলিয়া

Earth
পৃথিবী

Moon
চাঁদ

Sun
সূর্য

Saturn
শনি গ্রহ

Venus
শুক্র

Uranus
ইউরেনাস

Jupiter
বৃহস্পতি গ্রহ

Mars
মঙ্গল গ্রহ

Mercury
বুধগ্রহ

Neptune
নেপচুন গ্রহ

galaxy
ছায়াপথ

Milky Way
ছায়াপথ

space
মহাশূন্য

satellite dish
সেটেলাইট ডিশ

astronaut
নভোচারী

space shuttle
নভোযান

space station
মহাকাশ কেন্দ্র

canal
খাল

dam
বাঁধ

wave
ঢেউ

watermill
পানির শক্তিতে চালিত কল

countryside
গ্রামাঞ্চল

mud
কাদা

puddle
ডোবা

disaster
দুর্যোগ

earthquake
ভূমিকম্প

fire
আগুন

flame
আগুনের শিখা

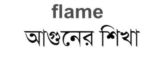

ember
জলন্ত কয়লা বা কাঠের টুকরা

fossil
জীবাশ্ম

American football
আমেরিকান ফুটবল

archery
তীর ধনুকের খেলা

athletics
দৌড়ক্রীড়া

badminton
ব্যাডমিন্টন

cricket
ক্রিকেট

cycling
সাইকেল চালানো

weightlifting
ভারোত্তোলন

basketball
বাস্কেটবল

diving
পানিতে ডুব দেওয়া

baseball
বেইজবল

judo
জুডো

hand gliding
ইঞ্জিনবিহীন
উড়োজাহাজ

taekwondo
তায়েকোন্দো

wrestling
কুস্তি

103

fencing
তরবারি চালানোর খেলা

handball
হ্যান্ডবল

high jump
উচ্চ লম্ফ

golf
গলফ খেলা

hurdles
প্রতিবন্ধক দৌড়

horse racing
ঘোড়দৌড়

horse riding
ঘোড়া চালানো

javelin
বর্শা নিক্ষেপ

mountaineering
পর্বতারোহণ

marathon
দুরপাল্লার দৌড়

volleyball
ভলিবল

rafting
ভেলা ভাসানো

rowing
নৌকা বাওয়া

sailing
নৌকা চালানো

105

water skiing
পানিতে স্কিইং

skiing
স্কিইং

snowboarding
স্নোবোর্ডিং

ice hockey
আইস হকি

speed skating
স্পিড স্কেটিং

soccer
ফুটবল

stadium
স্টেডিয়াম

table tennis
টেবিল টেনিস

tennis
টেনিস

swimming pool
সাঁতারের পুকুর

swimming
সাঁতার

water polo
ওয়াটার পোলো

compass
দিকনির্দেশক যন্ত্র

sleeping bag
ঘুমানোর ব্যাগ

stopwatch
স্টপওয়াচ

tent
তাঁবু

picture
ছবি

picture frame
ছবির ফ্রেম

canvas
ছবি আঁকার কাপড়

palette
রং রাখা এবং মেশানোর পাত্র

easel
শিল্পী যে কাঠামোর উপরে
ছবি বসিয়ে আঁকেন

bust
আবক্ষ মূর্তি

statue
মূর্তি

DONATELLO

audience
দর্শক

auditorium
মিলনায়তন

ballet
ব্যালে নাচ

cinema
সিনেমা

concert
গানের অনুষ্ঠান

museum
জাদুঘর

orchestra
সম্মিলিত যন্ত্রসঙ্গীত

theater
নাট্যশালা

stage
মঞ্চ

Musical Instruments — বাদ্যযন্ত্র

acoustic guitar
অ্যাকুসটিক গিটার

mandolin
ম্যানডোলিন

banjo
ব্যাঞ্জো

electric guitar
ইলেক্ট্রিক গিটার

balalaika
বালালাইকা

harp
হারপ

accordion
অ্যাকর্ডিয়ান

piano
পিয়ানো

harmonica
হারমনিকা

bagpipes
ব্যাগপাইপ

bassoon
বাসুন

clarinet
ক্ল্যারিনেট

flute
বাঁশি

oboe
ওবো

saxophone
স্যাক্সোফোন

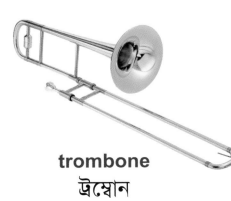

trombone
ট্রম্বোন

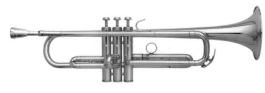

trumpet
তূর্য বা তুরী

tuba
টিউবা

bass drum
একধরণের ঢাক বা ঢোল

drumsticks
ঢোলের কাঠি

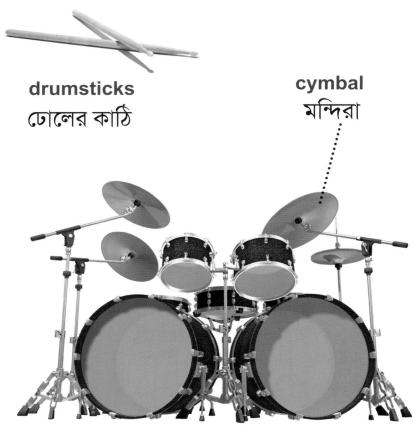

cymbal
মন্দিরা

drum kit
ড্রাম সেট

tambourine
খঞ্জনী

snare drum
তারবাঁধা ছোট ড্রাম

timpani
নহবৎ

cello
চেলো

violin
বেহালা

double bass
একরকমের বাদ্যযন্ত্র

music stand
গানের খাতা রাখার জায়গা

metronome
লয় রাখার যন্ত্র

tuning fork
সুর কন্টক

Time সময়

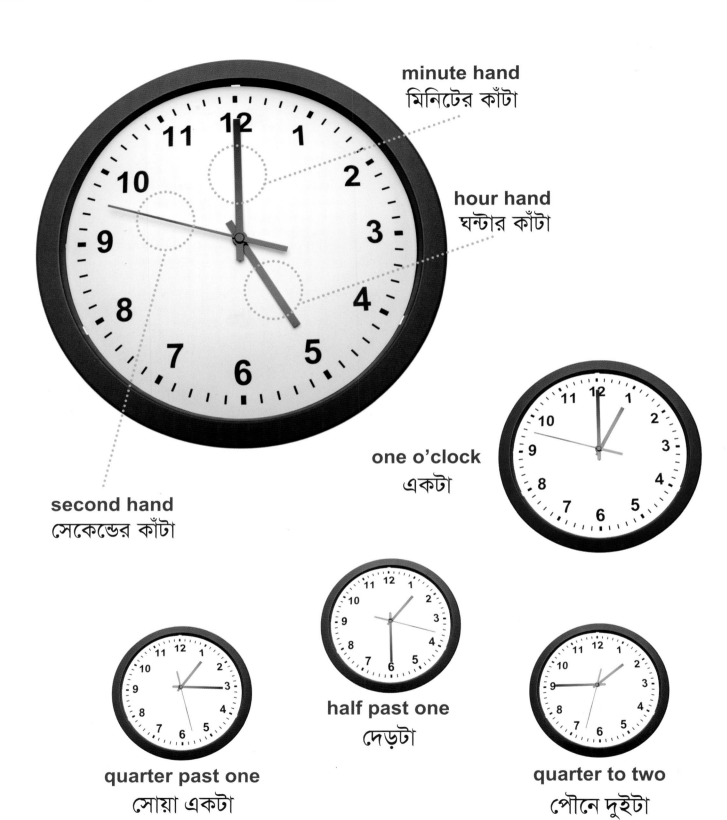

minute hand
মিনিটের কাঁটা

hour hand
ঘন্টার কাঁটা

second hand
সেকেন্ডের কাঁটা

one o'clock
একটা

half past one
দেড়টা

quarter past one
সোয়া একটা

quarter to two
পৌনে দুইটা

week
সপ্তাহ

2013

year
বছর

January

Sun	Mon	Tue	Wed	Thu	Fri	Sat
30	31	1	2	3	4	5
6	7	8	9	10	11	12
13	14	15	16	17	18	19
20	21	22	23	24	25	26
27	28	29	30	31	1	2
3	4	5	6	7	8	9

February

Sun	Mon	Tue	Wed	Thu	Fri	Sat
27	28	29	30	31	1	2
3	4	5	6	7	8	9
10	11	12	13	14	15	16
17	18	19	20	21	22	23
24	25	26	27	28	1	2
3	4	5	6	7	8	9

March

Sun	Mon	Tue	Wed	Thu	Fri	Sat
24	25	26	27	28	1	2
3	4	5	6	7	8	9
10	11	12	13	14	15	16
17	18	19	20	21	22	23
24	25	26	27	28	29	30
31	1	2	3	4	5	6

April

Sun	Mon	Tue	Wed	Thu	Fri	Sat
31	1	2	3	4	5	6
7	8	9	10	11	12	13
14	15	16	17	18	19	20
21	22	23	24	25	26	27
28	29	30	1	2	3	4
5	6	7	8	9	10	11

May

Sun	Mon	Tue	Wed	Thu	Fri	Sat
28	29	30	1	2	3	4
5	6	7	8	9	10	11
12	13	14	15	16	17	18
19	20	21	22	23	24	25
26	27	28	29	30	31	1
2	3	4	5	6	7	8

June

Sun	Mon	Tue	Wed	Thu	Fri	Sat
26	27	28	29	30	31	1
2	3	4	5	6	7	8
9	10	11	12	13	14	15
16	17	18	19	20	21	22
23	24	25	26	27	28	29
30	1	2	3	4	5	6

month
মাস

fortnight
পক্ষ

July

Sun	Mon	Tue	Wed	Thu	Fri	Sat
30	1	2	3	4	5	6
7	8	9	10	11	12	13
14	15	16	17	18	19	20
21	22	23	24	25	26	27
28	29	30	31	1	2	3
4	5	6	7	8	9	10

August

Sun	Mon	Tue	Wed	Thu	Fri	Sat
28	29	30	31	1	2	3
4	5	6	7	8	9	10
11	12	13	14	15	16	17
18	19	20	21	22	23	24
25	26	27	28	29	30	31
1	2	3	4	5	6	7

September

Sun	Mon	Tue	Wed	Thu	Fri	Sat
1	2	3	4	5	6	7
8	9	10	11	12	13	14
15	16	17	18	19	20	21
22	23	24	25	26	27	28
29	30	1	2	3	4	5
6	7	8	9	10	11	12

October

Sun	Mon	Tue	Wed	Thu	Fri	Sat
29	30	1	2	3	4	5
6	7	8	9	10	11	12
13	14	15	16	17	18	19
20	21	22	23	24	25	26
27	28	29	30	31	1	2
3	4	5	6	7	8	9

November

Sun	Mon	Tue	Wed	Thu	Fri	Sat
27	28	29	30	31	1	2
3	4	5	6	7	8	9
10	11	12	13	14	15	16
17	18	19	20	21	22	23
24	25	26	27	28	29	30
1	2	3	4	5	6	7

December

Sun	Mon	Tue	Wed	Thu	Fri	Sat
1	2	3	4	5	6	7
8	9	10	11	12	13	14
15	16	17	18	19	20	21
22	23	24	25	26	27	28
29	30	31	1	2	3	4
5	6	7	8	9	10	11

decade
দশক

century
শতক

1000 YEARS
millennium
সহস্রাব্দ

spring
বসন্ত

summer
গ্রীষ্ম

fall
শরৎকাল

winter
শীতকাল

dawn
ভোরবেলা

sunrise
সূর্যোদয়

dusk
গোধূলি

evening
সন্ধ্যাবেলা

night
রাত

midnight
মাঝরাত

classroom
শ্রেণীকক্ষ

library
পাঠাগার

desk
পড়ালেখার টেবিল

playground
খেলার মাঠ

blackboard
ব্ল্যাকবোর্ড

lesson
পাঠদান

sandpit
বালু দিয়ে খেলার জায়গা

page
পৃষ্ঠা

abacus
গণনা শেখার খেলনা

notebook
নোট নেয়ার খাতা

pen
কলম

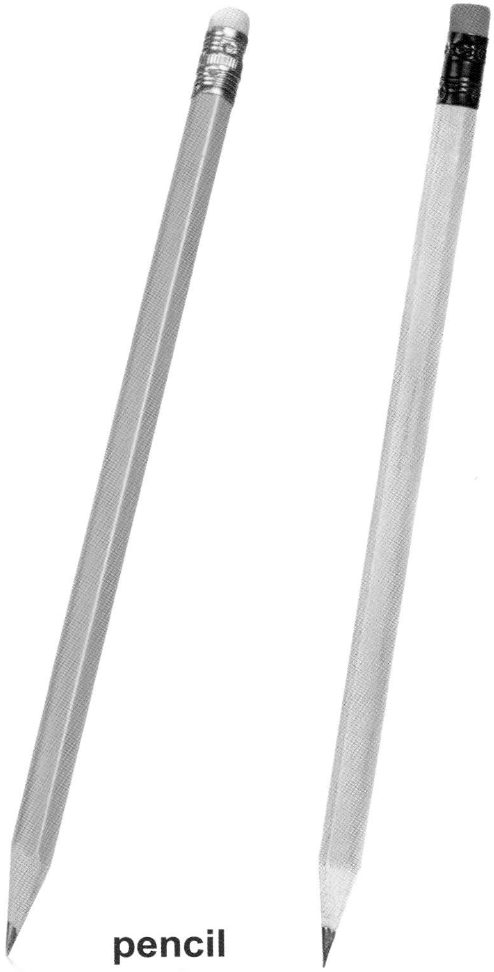

ballpoint pen
বলপয়েন্ট কলম

pencil sharpener
পেনসিল চোখা করার যন্ত্র

pencil
পেনসিল

eraser
রবার

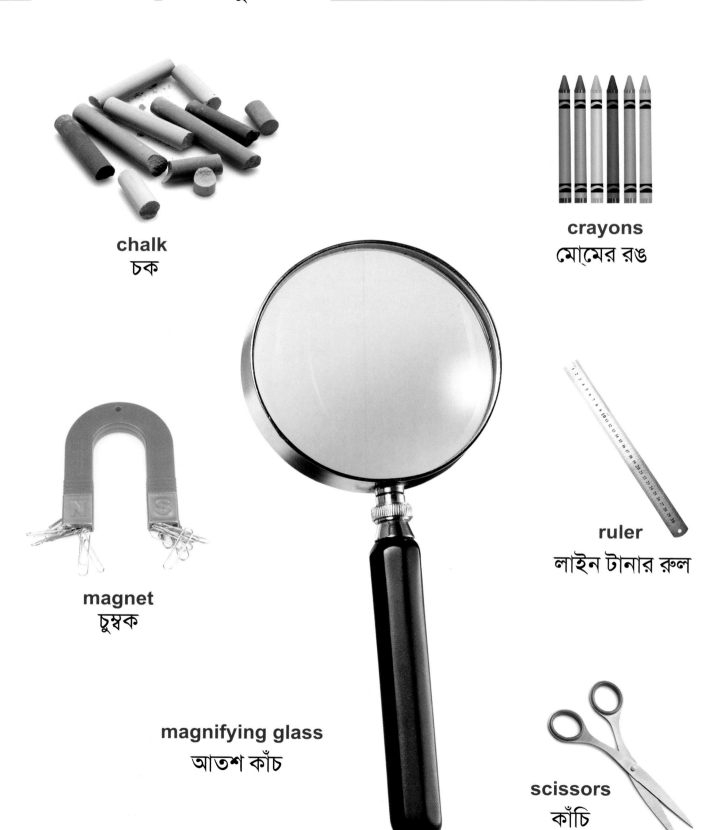

chalk
চক

crayons
মোমের রঙ

magnet
চুম্বক

ruler
লাইন টানার রুল

magnifying glass
আতশ কাঁচ

scissors
কাঁচি

pushpin
আলপিন

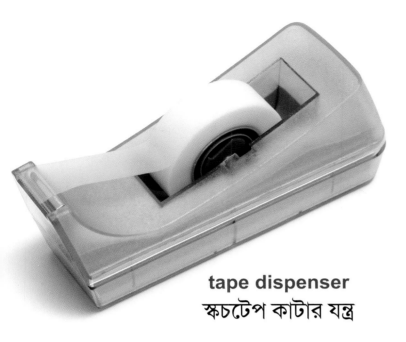

tape dispenser
স্কচটেপ কাটার যন্ত্র

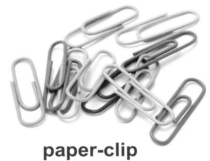

paper-clip
কাগজ আটকানোর ক্লিপ

globe
ভূগোলক

telescope
দূরবীন

microscope
অণুবীক্ষণ যন্ত্র

ball
বল

chess set
দাবা

cardboard box
শক্তকাগজের বাক্স

calculator
ক্যালকুলেটর

envelope
খাম

letters
চিঠি

encyclopedia
বিশ্বকোষ

stamp
ডাকটিকিট

ink
কালি

hole puncher
কাগজে ফুটো করার যন্ত্র

rubber stamp
রবার ষ্ট্যাম্প

staple remover
স্টেপলার পিন খোলার যন্ত্র

stapler
কাগজ পিন দিয়ে
আটকানোর যন্ত্র

staples
স্টেপলার পিন

waste basket
ময়লা ফেলার ঝুড়ি

whistle
বাঁশি

writing pad
লেখার খাতা

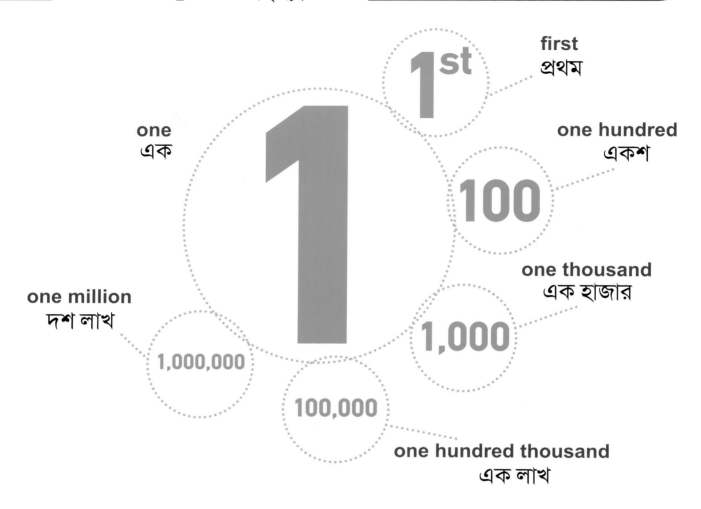

1 one
এক

1st first
প্রথম

100 one hundred
একশ

1,000 one thousand
এক হাজার

100,000 one hundred thousand
এক লাখ

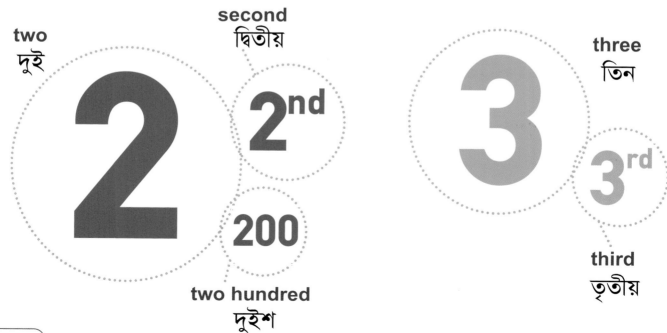

1,000,000 one million
দশ লাখ

2 two
দুই

2nd second
দ্বিতীয়

200 two hundred
দুইশ

3 three
তিন

3rd third
তৃতীয়

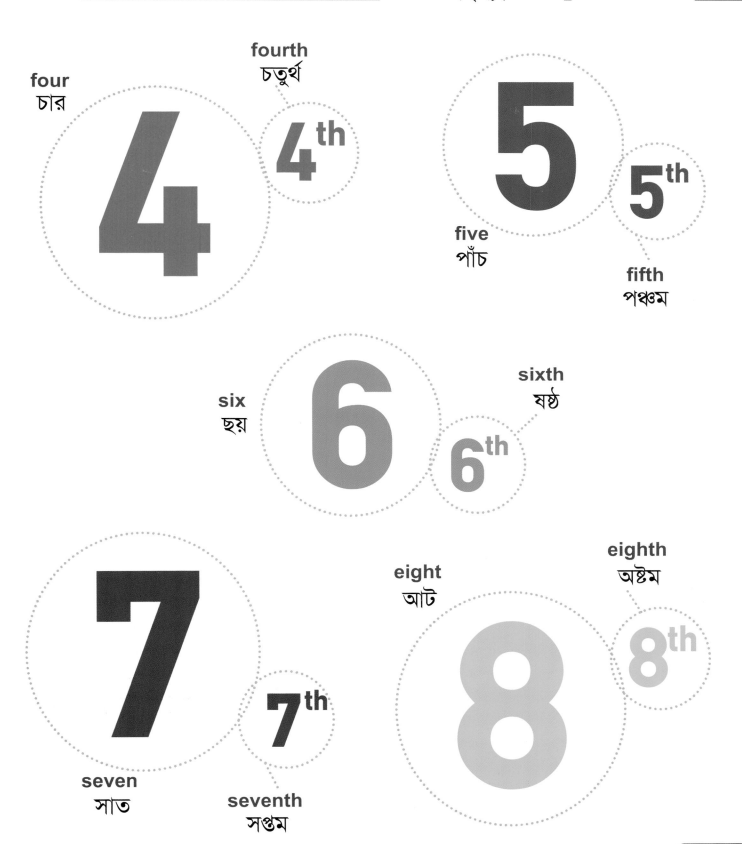

four
চার

4

fourth
চতুর্থ

4th

5

5th

five
পাঁচ

fifth
পঞ্চম

six
ছয়

6

sixth
ষষ্ঠ

6th

7

7th

seven
সাত

seventh
সপ্তম

eight
আট

eighth
অষ্টম

8

8th

9
nine
নয়

9th
ninth
নবম

10
ten
দশ

10th
tenth
দশম

10,000
ten thousand
দশ হাজার

11
eleven
এগারো

11th
eleventh
একাদশ

12
twelve
বারো

12th
twelfth
দ্বাদশ

13
thirteen
তের

13th
thirteenth
ত্রয়োদশ

fourteen
চৌদ্দ
14
14th
fourteenth
চতুর্দশ

fifteen
পনেরো
15
15th
fifteenth
পঞ্চদশ

sixteen
ষোল
16
16th
sixteenth
ষোড়শ

17
17th
seventeenth
সপ্তদশ
seventeen
সতেরো

eighteen
আঠারো
18
18th
eighteenth
অষ্টাদশ

nineteen
উনিশ
19
19th
nineteenth
উনবিংশ

20
20th

twentieth
বিংশতি

twenty
বিশ

21
twenty-one
একুশ

21st
twenty-first
একবিংশতি

30
thirty
ত্রিশ

31
thirty-one
একত্রিশ

40
forty
চল্লিশ

41
forty-one
একচল্লিশ

50
fifty
পঞ্চাশ

51
fifty-one
একান্ন

60
sixty
ষাট

61
sixty-one
একষট্টি

70
seventy
সত্তর

71
seventy-one
একাত্তর

80
eighty
আশি

81
eighty-one
একাশি

0
zero
শূন্য

90
ninety
নব্বই

91
ninety-one

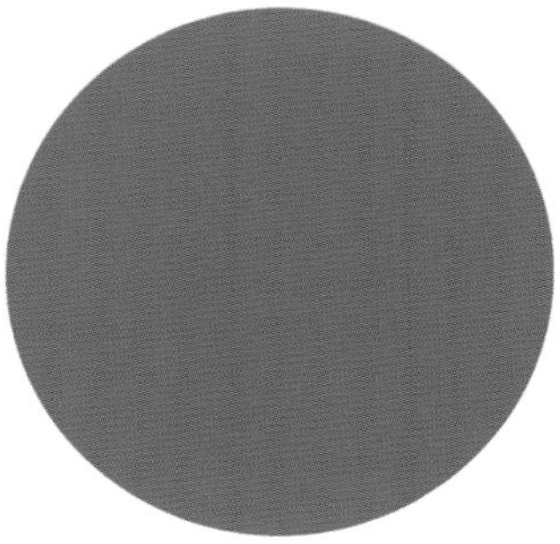

circle
গোল

sphere
গোলক

cone
কোণাকৃতি

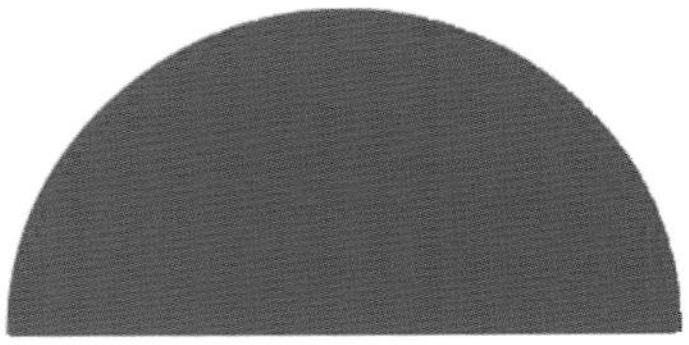

semicircle
অর্ধগোলক

hemisphere
গোলার্ধ

cylinder
নলাকার বস্তু

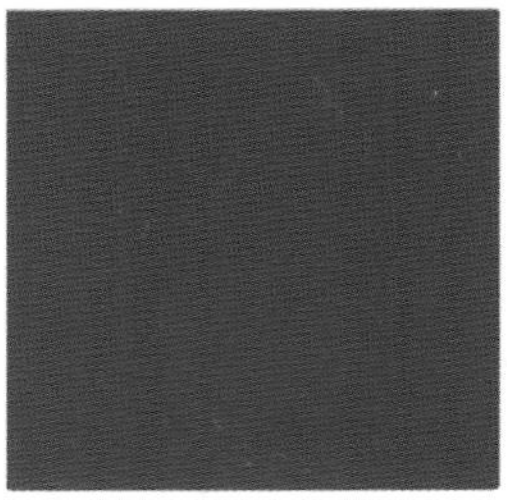

square
চতুর্ভুজ

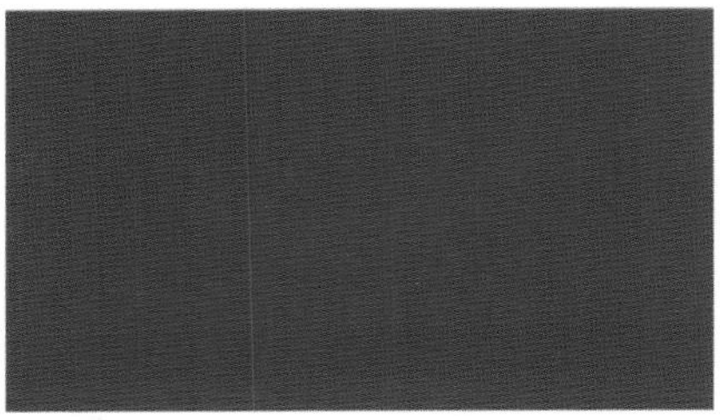

rectangle
আয়তক্ষেত্র

octagon
অষ্টভুজ

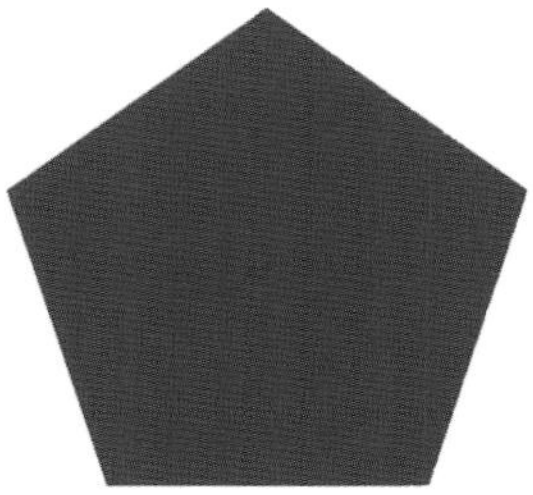

pentagon
পঞ্চভুজ

hexagon
ষড়ভুজ

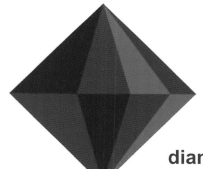

diamond
হীরক আকৃতি

star
তারা

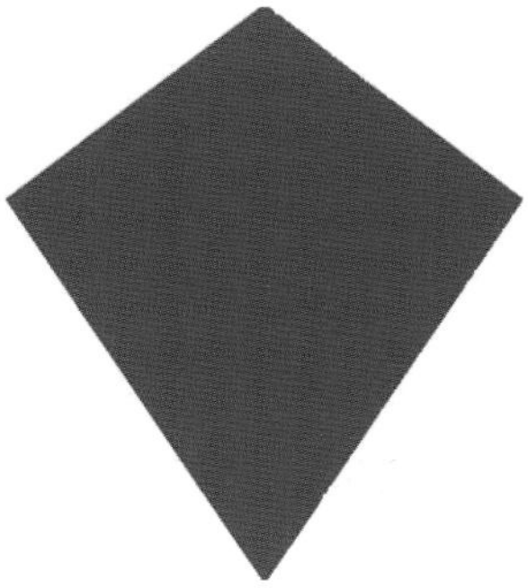

kite
ঘুড়ি

triangle
ত্রিভুজ

pyramid
পিরামিড আকৃতি

brown
বাদামি

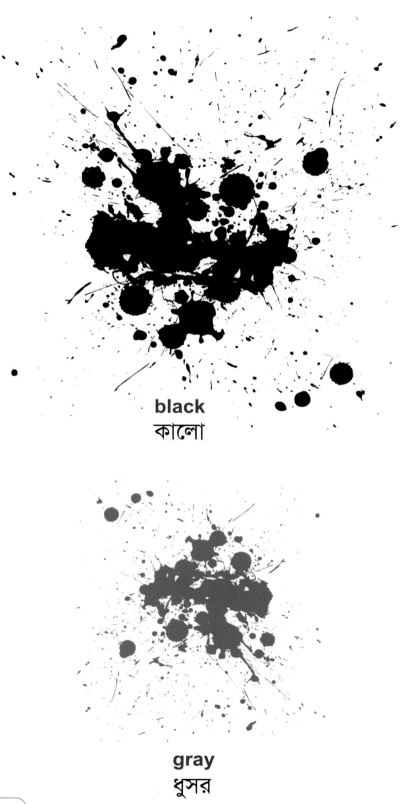

black
কালো

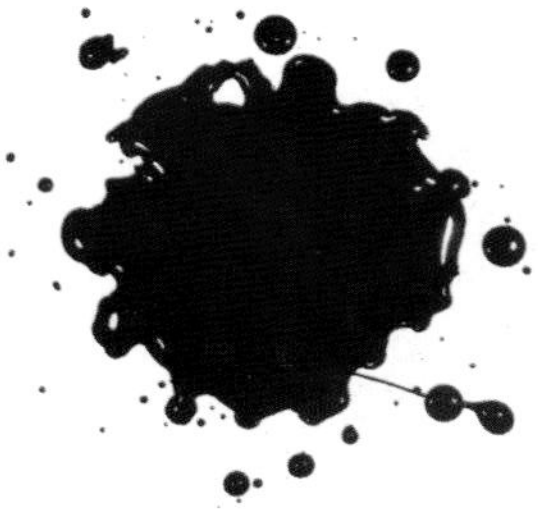

green
সবুজ

gray
ধুসর

yellow
হলুদ

blue
নীল

pink
গোলাপি রং

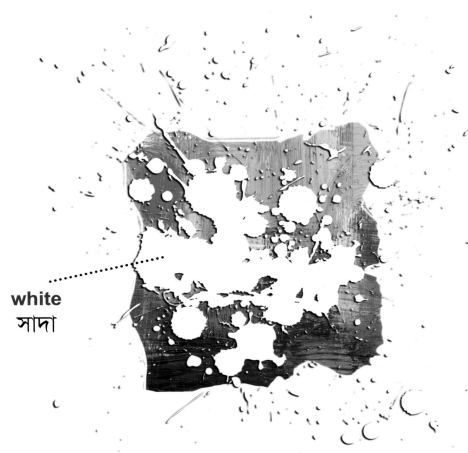

white
সাদা

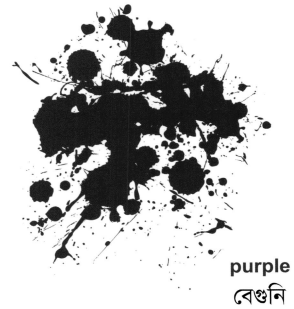

purple
বেগুনি

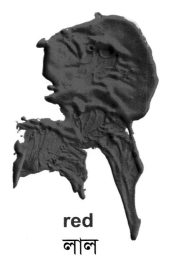

red
লাল

It's
apostrophe
শব্দ সংকোচন বা
অক্ষরলোপের চিহ্ন

near,
comma
একধরনের যতিচিহ্ন

look:
colon
একধরনের যতিচিহ্ন

-around-
dash
একরকমের বিরামচিহ্ন

the...
ellipsis
বাদ পড়া শব্দ

clock!
exclamation mark
অবাক চিহ্ন

really?
question mark
প্রশ্নবোধক চিহ্ন

"he said"
quotation marks
উদ্ধৃতি চিহ্ন

Yes.
period
দাঁড়ি

(almost)
parentheses
বন্ধনী চিহ্ন

done;
semicolon
বিরামচিহ্ন

'sir'
single quotation marks
একধরণের উদ্ধৃতি চিহ্ন

3+1

plus sign
যোগচিহ্ন

√16

square root of
বর্গমূল নির্ণয়ের চিহ্ন

7-3

minus sign
বিয়োগ চিহ্ন

25%

percent
শতাংশ

2×2

multiplication sign
গুণচিহ্ন

=4

equal sign
সমান চিহ্ন

8÷2

division sign
ভাগ চিহ্ন

earth & space

ampersand
ইংরেজি ভাষায় 'এবং' বোঝাতে
ব্যবহৃত প্রতীক

He/She

forward slash
ফরোয়ার্ড স্ল্যাশ

html\n

backslash
ব্যাকস্ল্যাশ

info@milet.com

at sign
অ্যাট সাইন

Index / নির্ঘন্ট

A — abacus 119 গণনা শেখার খেলনা
accordion 110 অ্যাকর্ডিয়ান
acoustic guitar 110 অ্যাকুসটিক গিটার
adjustable wrench 48 নাটবল্টু খোলা বা লাগানোর জন্য ছোটবড় করা যায় এরকম যন্ত্র
Africa 97 আফ্রিকা
air conditioner 24 শীতাতপ নিয়ন্ত্রণ যন্ত্র
airplane 76 বিমান
airport 80 বিমানবন্দর
almond 64 কাঠবাদাম
ambulance 74 এম্বুলেন্স
American football 102 আমেরিকান ফুটবল
ampersand 134 ইংরেজি ভাষায় 'এবং' বোঝাতে ব্যবহৃত প্রতীক
ankle 23 পায়ের গাঁট
answering machine 52 ফোনের বার্তা রাখার যন্ত্র
ant 10 পিপড়া
apostrophe 134 শব্দ সংকোচন বা অক্ষরলোপের চিহ্ন
apple 55 আপেল
apricot 55 অ্যাপ্রিকট
archery 102 তীর ধনুকের খেলা
arm 21 বাহু
armchair 25 আরাম কেদারা
armpit 21 বগল
artichoke 60 আর্টিচোক
Asia 97 এশিয়া
asparagus 60 অ্যাসপারাগাস
astronaut 99 নভোচারী
at sign 135 অ্যাট সাইন
athletics 102 দৌড়ক্রীড়া
attic 24 চিলেকোঠা
aubergine 60 বেগুন
audience 109 দর্শক
auditorium 109 মিলনায়তন
Australia 97 অস্ট্রেলিয়া
avalanche 94 তুষারধ্বস
avocado 55 অ্যাভোকাডো
axe 51 কুড়াল
B — backpack 43 পিঠে বহনের ব্যাগ
backslash 135 ব্যাকস্ল্যাশ
badge 43 তকমা
badminton 102 ব্যাডমিন্টন
bagpipes 111 ব্যাগপাইপ
balalaika 110 বালালাইকা
ball 122 বল
ballet 109 ব্যালে নাচ
ballpoint pen 119 বলপয়েন্ট কলম
banana 55 কলা
banjo 110 ব্যাঞ্জো
barn 7 গোলাঘর
baseball 103 বেইজবল
basket 32 ঝুড়ি
basketball 103 বাস্কেটবল
bass drum 112 একধরণের ঢাক বা ঢোল
bassoon 111 বাসুন
bat 16 বাদুড়
bathrobe 38 গোসলের কাপড়
bathroom 27 বাথরুম
bathtub 27 গোসলের চৌবাচ্চা
battery 49 ব্যাটারি
beach 89 সমুদ্রসৈকত বা বেলাভূমি
beak 4 পাখির ঠোঁট

beans 66 শিমের বিচি
bear 16 ভালুক
bed 26 বিছানা
bedroom 26 শোবার ঘর
bedside lamp 34 বিছানার পাশে রাখার বাতি
bee 11 মৌমাছি
beehive 11 কাঠের তৈরি মৌচাক
beetle 10 গুবরে পোকা
begonia 82 বিগোনিয়া
belt 40 কোমরবন্ধনী
beret 40 টুপি
bicycle 75 দুই চাকার সাইকেল
black 132 কালো
black pepper 68 গোলমরিচ
blackberry 55 ব্ল্যাকবেরি
blackboard 118 ব্ল্যাকবোর্ড
blanket 26 কম্বল
blender 36 মিশ্রণ যন্ত্র
blouse 39 ব্লাউজ
blue 133 নীল
blueberry 55 ব্লুবেরি
boots 41 বুটজুতা
bottle 30 বোতল
bow tie 40 বো টাই
bowl 29 বাটি
box 32 বাক্স
bracelet 42 বালা বা চুড়ি
brake 75 ব্রেক
bread 52 রুটি
breakfast 69 সকালের নাশতা
bridge 81 সেতু
briefcase 43 ব্রিফকেস
broccoli 60 ব্রকলি
broom 32 ঝাড়ু
brown 132 বাদামি
bucket 32 ঝুড়ি
bud 82 মুকুল
bull 7 ষাঁড়
bulldozer 74 বুলডোজার
burger 63 বার্গার
burner 31 চুলা
bus 77 বাস
bus stop 80 বাস স্টপ
bush 87 ঝোপ
bust 108 আবক্ষ মূর্তি
butter 70 মাখন
butterfly 10 প্রজাপতি
button 44 বোতাম
C — cabbage 60 বাঁধাকপি
cabinet 28 দেরাজ আলমারি
cable 53 তার
cactus 87 ফণিমনসা
cage 4 খাঁচা
cake 63 কেক
calculator 122 ক্যালকুলেটর
calf 7 বাছুর
calf 23 পায়ের ডিম
camel 9 উট
camellia 82 ক্যামেলিয়া
camper van 73 অবকাশ যাপনের গাড়ি

canal	100	খাল
candies	69	লজেন্স
candle	32	মোমবাতি
canned food	67	টিনজাত খাদ্য
canoe	79	ডিঙ্গি নৌকা
canvas	108	ছবি আঁকার কাপড়
cap	40	টুপি
car	72	গাড়ি
car battery	49	গাড়ির ব্যাটারি
cardboard box	122	শক্তকাগজের বাক্স
cardigan	39	কারডিগান
carnation	82	কারনেশন
carpet	25	গালিচা
carrot	58	গাজর
cat	7	বিড়াল
caterpillar	10	শুয়োপোকা
cauliflower	60	ফুলকপি
cave	93	গুহা
ceiling	25	ছাদ
ceiling fan	34	ছাদে লাগানো পাখা
celery	61	সেলেরি
cello	113	চেলো
century	115	শতক
chain	50	শেকল
chair	28	চেয়ার
chalk	120	চক
chameleon	12	গিরগিটি
chandelier	34	ঝাড়বাতি
checkout	54	দোকানে মূল্য পরিশোধের জায়গা
cheek	22	গাল
cheese	70	পনির
cherry	55	চেরি
chess set	122	দাবা
chest	21	বুক
chestnut	64	একধরণের বাদাম
chick	8	মুরগির বাচ্চা
chicken	65	মুরগি
chili pepper	58	ঝাল মরিচ
chimney	24	চিমনি
chimpanzee	17	শিম্পাঞ্জি
chin	22	থুতনি
chip	52	চিপ
chisel	51	বাটালি
chocolate	69	চকলেট
chocolate chip cookie	62	দানাদার চকলেটযুক্ত বিস্কুট
cinema	109	সিনেমা
circle	130	গোল
clarinet	111	ক্ল্যারিনেট
classroom	118	শ্রেণীকক্ষ
claw	4	থাবা
clay	91	কাদামাটি
cliff	92	খাড়া উঁচু পাহাড় - বিশেষত সাগরপাড়ে
clock	32	ঘড়ি
cloth	44	ন্যাকড়া
clothes brush	44	কাপড় পরিষ্কারের ব্রাশ
clothes hanger	44	কাপড় ঝোলানোর হ্যাঙ্গার
clothespin	32	কাপড় আটকানোর ক্লিপ
cloud	94	মেঘ
coal	93	কয়লা
coast	89	উপকূল
cobweb	11	মাকড়শার জাল
coconut	57	নারিকেল
cocoon	10	রেশমের গুটি
coffee	71	কফি
collar	8	কুকুরের গলায় বাঁধার বেল্ট
colon	134	একধরনের যতিচিহ্ন
comb	45	চিরুনি
combination wrenches	48	নানা সাইজের প্যাঁচকল
comforter	26	লেপ
comma	134	একধরনের যতিচিহ্ন
compass	107	দিকনির্দেশক যন্ত্র
computer	52	কম্পিউটার
concert	109	গানের অনুষ্ঠান
cone	130	কোণাকৃতি
container	78	মালবাহী লোহার বাক্স
container ship	78	মালবাহী জাহাজ
cookie	62	বিস্কুট
coral	15	প্রবাল
corn	58	ভুট্টার দানা
corncob	58	ভুট্টা
cotton	82	তুলো
countryside	100	গ্রামাঞ্চল
cow	7	গরু
crab	14	কাঁকড়া
crackers	62	পাতলা মচমচে বিস্কুট
crayfish	14	বাগদা চিংড়ি
crayons	120	মোমের রঙ
cream	70	দুধের সর বা মাখন
crest	8	মোরগের মাথার ঝুঁটি
cricket	10	ঝিঁঝিঁপোকা
cricket	102	ক্রিকেট
crocodile	12	কুমির
crosswalk	80	জেব্রা ক্রসিং
crow	4	কাক
cruise ship	78	সমুদ্রে প্রমোদ ভ্রমণের জাহাজ
cub	18	পশুশাবক
cucumber	59	শশা
curtain	25	পর্দা
cushion	25	কুশন
cutting board	31	রান্নাঘরে কাটাকুটির বোর্ড
cycling	102	সাইকেল চালানো
cylinder	130	নলাকার বস্তু
cymbal	112	মন্দিরা
D daisy	82	ডেইজি
dam	100	বাঁধ
dash	134	একরকমের বিরামচিহ্ন
dawn	117	ভোরবেলা
decade	115	দশক
deck	78	জাহাজের ডেক
deep fryer	35	ডুবোতেলে ভাজার পাত্র
deer	19	হরিণ
desert	91	মরুভূমি
desk	118	পড়ালেখার টেবিল
desk lamp	34	পড়ালেখার টেবিলে রাখার লণ্ঠন
dessert	69	ভোজের শেষ পদ ফল এবং মিষ্টান্ন
diamond	42	হীরা
diamond	131	হীরক আকৃতি
digger truck	74	মাটি খননকারী ট্রাক
dill	61	একরকমের ওষধি গাছ
dining table	28	ভোজনের টেবিল

disaster	101	দুর্যোগ
dishwasher	37	থালাবাসন ধোয়ার মেশিন
diving	103	পানিতে ডুব দেওয়া
division sign	135	ভাগ চিহ্ন
dog	7	কুকুর
doghouse	7	কুকুরের থাকার ঘর
dolphin	14	শুশুক
donkey	9	গাধা
door	24	দরজা
door handle	36	দরজার হাতল
doorbell	36	দরজার ঘণ্টা
doormat	33	পাপোশ
double bass	113	একরকমের বাদ্যযন্ত্র
dragonfly	10	ফড়িং
dress	38	জামা
drill bit	49	নলাকৃতি ছিদ্র বানানোর যন্ত্র
drum kit	112	ড্রাম সেট
drumsticks	112	ঢোলের কাঠি
duck	8	হাঁস
dump truck	73	ময়লা সংগ্রহের গাড়ি
dusk	117	গোধূলি
E__eagle	4	ঈগল
ear	22	কান
earphones	53	কানে শোনার যন্ত্র
earrings	42	কানের দুল
Earth	98	পৃথিবী
earthquake	101	ভূমিকম্প
earthworm	13	কেঁচো
easel	108	শিল্পী যে কাঠামোর উপরে ছবি বসিয়ে আঁকেন
egg	4	ডিম
egg	66	ডিম
eight	125	আট
eighteen	127	আঠারো
eighteenth	127	অষ্টাদশ
eighth	125	অষ্টম
eighty	129	আশি
eighty-one	129	একাশি
elbow	23	কনুই
electric cooker	35	বৈদ্যুতিক চুলা
electric drill	49	ছিদ্র করার বৈদ্যুতিক যন্ত্র
electric guitar	110	ইলেক্ট্রিক গিটার
electric razor	46	দাড়ি কাটার বৈদ্যুতিক যন্ত্র
electrical outlet	36	বৈদ্যুতিক প্লাগ লাগানোর জায়গা
elephant	16	হাতি
eleven	126	এগারো
eleventh	126	একাদশ
ellipsis	134	বাদ পড়া শব্দ
ember	101	জলন্ত কয়লা বা কাঠের টুকরা
emerald	42	পান্না
encyclopedia	122	বিশ্বকোষ
engine	72	গাড়ির ইঞ্জিন
envelope	122	খাম
equal sign	135	সমান চিহ্ন
eraser	119	রবার
Europe	96	ইউরোপ
evening	117	সন্ধ্যাবেলা
exclamation mark	134	অবাক চিহ্ন
eye	22	চোখ
eye glasses	45	চশমা
eyebrow	22	ভুরু
eyelashes	22	চোখের পাপড়ি
eyelid	22	চোখের পাতা
F__face	22	মুখমণ্ডল
falcon	4	বাজপাখি
fall	116	শরৎকাল
faucet	31	কল
fawn	19	হরিণ শাবক
feather	4	পালক
fencing	104	তরবারি চালানোর খেলা
fender	72	গাড়ির বাম্পার
field	88	মাঠ
fifteen	127	পনেরো
fifteenth	127	পঞ্চদশ
fifth	125	পঞ্চম
fifty	128	পঞ্চাশ
fifty-one	128	একান্ন
fingerprint	23	আঙুলের ছাপ
fire	101	আগুন
fire extinguisher	50	আগুন নেভানোর যন্ত্র
fire truck	74	আগুন নেভানোর গাড়ি
fireplace	25	ঘর গরম করার জন্য আগুন জ্বালানোর জায়গা
first	124	প্রথম
fish	14	মাছ
fish	65	মাছের টুকরা
five	125	পাঁচ
flame	101	আগুনের শিখা
flamingo	4	কানঠুটি বা কলহংস
flight deck	76	বিমান চালনার জায়গা
flip-flops	41	চপ্পল
flood	95	বন্যা
floor	25	মেঝে
floor lamp	34	মেঝেতে রাখার বাতি
flour	62	ময়দা
flowerpot	33	ফুলগাছের টব
flute	111	বাঁশি
fly	11	মাছি
fog	95	কুয়াশা
folding chair	25	ভাঁজ করে রাখা যায় এমন চেয়ার
food processor	36	খাদ্যদ্রব্যাদি কাটা ও মিশ্রণের যন্ত্র
foot	21	পা
footprint	21	পায়ের ছাপ
forehead	21	কপাল
forest	92	বন
fork	30	কাঁটাচামচ
forklift	74	পণ্যসামগ্রী যান্ত্রিকভাবে ওঠানামা করানোর ব্যবস্থা আছে এমন
fortnight	115	পক্ষ
forty	128	চল্লিশ
forty-one	128	একচল্লিশ
forward slash	135	ফরোয়ার্ড স্ল্যাশ
fossil	101	জীবাশ্ম
foulard	40	হালকাভাবে বোনা কাপড়ে তৈরি ওড়না
four	125	চার
fourteen	127	চৌদ্দ
fourteenth	127	চতুর্দশ
fourth	125	চতুর্থ
fox	17	শিয়াল
French fries	68	আলু ভাজি
frog	12	ব্যাঙ
frost	94	তুষার
fruit juice	71	ফলের রস

frying pan	29	ভাজার তাওয়া
fuchsia	82	ফুশিয়া
G galaxy	99	ছায়াপথ
garage	81	গাড়ি রাখার জায়গা
garden	88	বাগান
gardenia	83	গার্ডেনিয়া
garlic	58	রসুন
gas cap	72	গাড়ির তেলের ট্যাংকের ঢাকনা
gas lighter	47	লাইটার
gas pump	81	তেল ভরার পাম্প
gas station	81	তেলের স্টেশন
geranium	83	জেরানিয়াম
giraffe	17	জিরাফ
glass	30	গ্লাস
globe	121	ভূগোলক
glove	40	দস্তানা
goat	9	ছাগল
golf	104	গলফ খেলা
goose	8	রাজহাঁস
gorilla	17	গরিলা
grape	56	আঙ্গুর
grapefruit	56	মোসাম্বি লেবু
grass	87	ঘাস
grasshopper	10	ঘাসফড়িং
gray	132	ধূসর
green	132	সবুজ
green bean	59	শিম
ground beef	65	গরুর মাংসের কিমা
ground floor	24	নিচতলা
gull	5	শঙ্খচিল
H hail	94	শিলাবৃষ্টি
hair	22	চুল
hair dryer	45	চুল শুকানোর যন্ত্র
hairbrush	45	চুল আঁচড়ানোর ব্রাশ
hairpin	45	চুল আটকানোর ক্লিপ
half past one	114	দেড়টা
hammer	49	হাতুড়ি
hand	21	হাত
hand gliding	103	ইঞ্জিনবিহীন উড়োজাহাজ
handball	104	হ্যান্ডবল
handlebars	75	সাইকেলের হাতল
handsaw	51	করাত
harmonica	110	হারমনিকা
harp	110	হারপ
harvest	88	ফসল
hat	40	টুপি
hawk	5	বাজপাখি
hay	88	খড়
hazelnut	64	লালচে রংয়ের খোসার বাদাম
head	21	মাথা
headlight	72	গাড়ির সামনের বাতি
hedgehog	20	শজারু
heel	23	পায়ের গোড়ালি
heel	41	জুতার গোড়ালি
helicopter	76	হেলিকপ্টার
hemisphere	130	গোলার্ধ
hen	8	মুরগি
heron	5	বক পাখি
hexagon	131	ষড়ভুজ
high jump	104	উচ্চ লম্ফ
highway	80	মহাসড়ক
hill	91	ছোট পর্বত
hip	23	নিতম্ব
hippopotamus	19	জলহস্তী
hole puncher	123	কাগজে ফুটো করার যন্ত্র
honey	97	মধু
hood	72	গাড়ির ছাদ
hoof	9	পশুর খুর
horn	19	পশুর শিং
horse	9	ঘোড়া
horse racing	104	ঘোড়দৌড়
horse riding	104	ঘোড়া চালানো
hose	51	গাছপালায় পানি দেয়ার নল
hour hand	114	ঘন্টার কাঁটা
house	24	বাড়ি
hurdles	104	প্রতিবন্ধক দৌড়
hyacinth	83	হিয়াসিন্থ
I ice cream	69	আইসক্রিম
ice cube	71	বরফের টুকরা
ice hockey	106	আইস হকি
icicle	94	সূচাগ্র বরফখন্ড বা তুষারিকা
iguana	12	একধরনের গেছো সরীসৃপ
index finger	23	তর্জনী
ink	31	কালি
iris	83	আইরিস
iron	37	ইস্ত্রি
ironing board	33	ইস্ত্রি করার টেবিল
island	89	দ্বীপ
J jar	30	বয়াম
jasmine	83	জুঁই
javelin	105	বর্শা নিক্ষেপ
jeans	39	জিনসের প্যান্ট
jellyfish	14	জেলি মাছ
jerrycan	33	পানি বা জ্বালানী তেল বহনের কেন্টেনারা
jet ski	79	জেট স্কি
jewellery	42	গয়না
jonquil	83	জঙ্কিল
judo	103	জুডো
jug	30	জগ
juice extractor	31	ফলের রস বানানোর যন্ত্র
jumpsuit	38	একসাথে সেলাই করা জামাপ্যান্ট
jungle	92	জঙ্গল
Jupiter	98	বৃহস্পতি গ্রহ
K kangaroo	18	ক্যাঙ্গারু
key	47	চাবি
keyboard	52	কিবোর্ড
kitchen	29	রান্নাঘর
kite	131	ঘুড়ি
kitten	7	বিড়ালের বাচ্চা
kiwi	56	কিউয়ি
knee	21	হাঁটু
knife	30	ছুরি
koala	16	কোয়ালা
L ladder	50	মই
ladybird	11	গুবরে পোকা
lake	90	হ্রদ
lamb	9	ভেড়া
lamp	34	লণ্ঠন
lavender	83	ল্যাভেন্ডার
layer	91	আস্তরণ

leaf	87	পাতা
leek	61	একররকমের শাক
leg	21	পা
lemon	58	লেবু
lemonade	71	লেবুর শরবত
lentils	66	ডাল
leopard	18	চিতাবাঘ
lesson	118	পাঠদান
letters	122	চিঠি
lettuce	61	লেটুস পাতা
library	118	পাঠাগার
lightning	95	বিদ্যুৎ চমকানো
lilac	84	লাইল্যাক
lion	18	সিংহ
lip	22	ঠোঁট
little finger	23	কানি আঙুল
living room	25	বসার ঘর
lizard	12	টিকটিকি
llama	18	দক্ষিণ আমেরিকার একরকমের উট
lobster	14	গলদা চিংড়ি
log	88	কাঠের গুঁড়ি
long-nose pliers	48	একরকমের সাঁড়াশি
lovebird	5	তোতাপাখি
M_magnet	120	চুম্বক
magnifying glass	120	আতশ কাঁচ
magnolia	84	ম্যাগনোলিয়া
mallet	49	ছোট কাঠের মুগুর
mandarin	56	পাতলা খোসার মিষ্টি কমলালেবু
mandolin	110	ম্যানডোলিন
mane	18	কেশর
mango	57	আম
manicure set	46	হাত ও নখের প্রসাধন সামগ্রী
marathon	105	দূরপাল্লার দৌড়
market	54	বাজার
marrow	60	একধরনের লাউ জাতীয় সব্জি
Mars	98	মঙ্গল গ্রহ
marsh	90	জলাভূমি
matchbox	47	দেশলাই কাঠির বাক্স
matchsticks	47	দেশলাই কাঠি
melon	56	তরমুজ
Mercury	98	বুধগ্রহ
metronome	113	লয় রাখার যন্ত্র
microphone	53	মাইক
microscope	121	অণুবীক্ষণ যন্ত্র
microwave oven	35	মাইক্রোওয়েভ ওভেন
middle finger	23	মধ্যমা
midnight	117	মাঝরাত
milk	70	দুধ
Milky Way	99	ছায়াপথ
millennium	115	সহস্রাব্দ
minivan	73	ছোট গাড়ি যাতে মাল পরিবহন করা যায়
mint	61	পুদিনা
minus sign	135	বিয়োগ চিহ্ন
minute hand	114	মিনিটের কাঁটা
mirror	27	আয়না
mole	20	ছুঁচা
mole wrench	48	একধরনের প্যাঁচকল
monitor	52	কম্পিউটারের মনিটর
monkey	17	বানর
month	115	মাস

Moon	98	চাঁদ
mop	33	মেঝে মোছার ঝাড়ু
mosquito	11	মশা
moss	84	শ্যাওলা
moth	10	মথ
motorcycle	75	মোটরসাইকেল
mountain	91	পাহাড়
mountaineering	105	পর্বতারোহণ
mouse	20	ইঁদুর
mouth	22	মুখ
mud	100	কাদা
multiplication sign	135	গুণচিহ্ন
museum	109	জাদুঘর
mushroom	58	ছত্রাক
music stand	113	গানের খাতা রাখার জায়গা
N_nail	49	নখ
nail clippers	46	নখ কাটার যন্ত্র
nail file	46	নখ ঘষে মসৃণ করার জন্য ছোট চ্যাপ্টা রেতি
narcissus	84	নার্সিসাস
navel	23	নাভি
neck	22	গলা
necklace	42	গলার হার
Neptune	98	নেপচুন গ্রহ
nest	5	পাখির বাসা
nettle	84	বিছুটি
newspaper	53	সংবাদপত্র
newt	12	গোসাপ
night	117	রাত
nine	126	নয়
nineteen	127	উনিশ
nineteenth	127	উনবিংশ
ninety	129	নব্বই
ninety-one	129	একনব্বতি
ninth	125	নবম
North America	96	উত্তর আমেরিকা
nose	22	নাক
notebook	119	নোট নেয়ার খাতা
nut	48	বিশেষধরনের আংটা
O_oats	86	জই
oboe	111	ওবো
ocean	89	মহাসাগর
octagon	131	অষ্টভুজ
octopus	14	আট বাহু বিশিষ্ট সামুদ্রিক জন্তু
oil	67	তেল
okra	59	ঢেঁড়স
olive	67	জলপাই
olive oil	67	জলপাইয়ের তেল
one	124	এক
one hundred	124	একশ
one hundred thousand	124	এক লাখ
one million	124	দশ লাখ
one o'clock	114	একটা
one thousand	124	এক হাজার
onion	59	পেঁয়াজ
open ended wrench	48	উভয়দিক খোলা এমনধরণের প্যাঁচকল
orange	56	কমলালেবু
orange juice	71	কমলালেবুর রস
orchestra	109	সম্মিলিত যন্ত্রসঙ্গীত
orchid	85	বিচিত্র ও উজ্জ্বল রংয়ের ফুল হয় এমন লতাগাছ
ostrich	5	উটপাখি

otter	20	ভোঁদর		polar bear	16	শ্বেত ভল্লুক
oven	35	তন্দুর		police car	74	পুলিশের গাড়ি
owl	5	প্যাঁচা		pomegranate	57	ডালিম
P padlock	50	তালা		popcorn	69	ভুট্টা
page	119	পৃষ্ঠা		poppy	84	পপি
palette	108	রং রাখা এবং মেশানোর পাত্র		port	81	বন্দর
palm	21	হাতের তালু		pot	29	পাত্র
palm tree	86	তাল গাছ		potato	59	আলু
pancakes	63	একরকমের পিঠা		pressure cooker	29	দমে রান্না করার পাত্র
panda	19	পাণ্ডা		printer	52	কম্পিউটারের প্রিন্টার
paper-clip	121	কাগজ আটকানোর ক্লিপ		puddle	100	ডোবা
parentheses	134	বন্ধনী চিহ্ন		pumpkin	59	মিষ্টিকুমড়া
parrot	5	তোতাপাখি		puppy	7	কুকুরছানা
parsley	61	একরকমের গুল্ম		purple	133	বেগুনি
passenger terminal	80	বিমানবন্দরের যাত্রী টার্মিনাল		purse	43	হাতব্যাগ
passport	43	পাসপোর্ট		pushpin	121	আলপিন
pasta	66	পাস্তা		pyramid	131	পিরামিড আকৃতি
path	92	পথ		**Q** quarter past one	114	সোয়া একটা
peach	56	পিচ		quarter to two	114	পৌনে দুইটা
peacock	5	ময়ূর		question mark	135	প্রশ্নবোধক চিহ্ন
peanut	64	চিনাবাদাম		quince	57	একরকমের ফল
pear	57	নাশপাতি		quotation marks	134	উদ্ধৃতি চিহ্ন
peas	59	মটরশুঁটি		**R** rabbit	20	খরগোশ
pebbles	90	নুড়িপাথর		raccoon	16	উত্তর আমেরিকার ভল্লুক জাতীয় প্রাণী
pedal	75	প্যাডেল		race car	74	দ্রুতগতি সম্পন্ন গাড়ি
pelican	6	একরকমের জলচর পাখি		radiator	34	উষ্ণতা বাড়ানোর যন্ত্র
pen	119	কলম		radio	53	রেডিও
pencil	119	পেনসিল		radish	61	মূলা
pencil sharpener	119	পেনসিল চোখা করার যন্ত্র		rafting	105	ভেলা ভাসানো
penguin	15	পেঙ্গুইন		railroad station	81	রেলস্টেশন
pentagon	131	পঞ্চভুজ		railroad track	81	রেললাইন
pepper	58	একধরণের সবজি		rain	95	বৃষ্টি
percent	135	শতাংশ		rake	51	আঁচড়া
perfume	45	সুগন্ধী		raspberry	55	রাস্পবেরি
period	134	দাঁড়ি		rat	20	ইঁদুর
pet	9	পোষা প্রাণী		razor	46	দাঁড়ি কাটার যন্ত্র
petal	87	ফুলের পাপড়ি		rectangle	130	আয়তক্ষেত্র
piano	110	পিয়ানো		red	133	লাল
pickax	51	খনিখননের কুড়াল		reel	44	সুতার নাটাই
pickup truck	73	একরকমের গাড়ি		refrigerator	29	ফ্রিজ
picture	108	ছবি		restaurant	54	রেস্তোরাঁ
picture frame	108	ছবির ফ্রেম		rhinoceros	19	গণ্ডার
pie	63	মাংস বা ফলের পুরযুক্ত পিঠা		ribbon	44	ফিতা
pier	81	নদী বা সমুদ্রে তৈরি কাঠামো		rice	66	ভাত
pig	9	শূকর		ring	42	আংটি
pigeon	6	কবুতর		ring finger	23	তৃতীয়া
pillow	26	বালিশ		river	90	নদী
pine cone	86	দেবদারু গাছের ফল		road	80	রাস্তা
pineapple	57	আনারস		robin	4	দোয়েল
pink	133	গোলাপি রং		rock	93	পাথর
pins	47	কাঁটা বা আলপিন		rocking chair	25	দোল খাওয়ার চেয়ার
pistachio	64	পেস্তা বাদাম		rocky landscape	93	নড়বড়ে শিলাময় স্থলভূমি
pizza	63	একরকমের খাবার		rollerblade	75	চাকা লাগানো জুতা
plate	30	থালা		roof	24	ছাদ
playground	118	খেলার মাঠ		room	25	ঘর
plug	50	বৈদ্যুতিক প্লাগ		rooster	8	মোরগ
plum	57	আলুবোখারা		root	87	শেকড়
plumbing	27	পানির নল		rope	51	দড়ি
plus sign	135	যোগচিহ্ন		rose	85	গোলাপ
pocket	38	পকেট		row boat	79	দাঁড়টানা নৌকা

Index | নির্ঘন্ট

rowing	105	নৌকা বাওয়া	shoulder bag	43	কাঁধে ঝোলানো ব্যাগ
rubber stamp	123	রবার স্ট্যাম্প	shovel	51	বেলচা
ruby	42	মানিক	shower	27	ঝর্না
rug	26	কম্বল	sidewalk	80	ফুটপাত
ruler	120	লাইন টানার রুল	single quotation marks	134	একধরনের উদ্ধৃতি চিহ্ন
rye	86	গম ও যব জাতীয় শস্য	sink	31	বেসিন
S sack	33	বস্তা	six	125	ছয়
saddle	75	সাইকেলের বসার সিট	sixteen	127	ষোল
safety helmet	50	হেলমেট	sixteenth	127	ষোড়শ
safety pin	47	সেফটিপিন	sixth	125	ষষ্ঠ
sail	79	পাল	sixty	129	ষাট
sailboat	79	পাল তোলা নৌকা	sixty-one	129	একষট্টি
sailing	105	নৌকা চালানো	skeleton	22	কঙ্কাল
salad	68	নানা রকম কাঁচা শাকসবজি দিয়ে বানানো খাবার	skiing	106	স্কিইং
salamander	13	গিরগিটি সদৃশ সরীসৃপ / আগ্নেয়গোধা	skirt	39	ঘাগরা
salt	68	লবণ	skull	22	খুলি
sand	89	বালি	skunk	17	উত্তর আমেরিকার ভোঁদর জাতীয় প্রাণী
sandal	41	চপ্পল	sled	75	বরফের ওপর চলাচলের জন্য চাকাহীন বিশেষ যান
sandpit	118	বালু দিয়ে খেলার জায়গা	sleeping bag	107	ঘুমানোর ব্যাগ
sandwich	63	স্যান্ডউইচ	slice of bread	62	রুটির টুকরা
satellite dish	99	সেটেলাইট ডিশ	slip joint pliers	48	সাঁড়াশি
Saturn	98	শনি গ্রহ	slippers	41	চপ্পল
sausage	65	সসেজ	slope	93	ঢালু জায়গা
saxophone	111	স্যাক্সোফোন	snacks	68	হালকা নাশতা
scale	31	নিক্তি বা ওজন মাপার যন্ত্র	snail	11	শামুক
scanner	52	কম্পিউটারের স্ক্যানার	snake	13	সাপ
scarf	40	উড়নি	snapdragon	84	স্ন্যাপড্রাগন
scissors	120	কাঁচি	snare drum	112	তারবাঁধা ছোট ড্রাম
scooter	75	একরকমের গাড়ি	sneakers	41	কেডস জুতা
scorpion	11	বিছ্ছু	snow	94	তুষার
screw	49	স্ক্রু	snowboarding	106	স্নোবোর্ডিং
screwdriver	49	স্ক্রু লাগানো বা খোলার যন্ত্র	snowdrop	85	বসন্তের শুরুতে ফোঁটে এমন তুষারশুভ্র ফুল
seahorse	15	সিন্ধু ঘোটক	soap	27	সাবান
seal	15	সীল মাছ	soccer	106	ফুটবল
seaweed	15	সামুদ্রিক শৈবাল	socks	41	মোজা
second	124	দ্বিতীয়	sofa	25	সোফা
second hand	114	সেকেন্ডের কাঁটা	soil	92	মাটি
semicircle	130	অর্ধগোলক	soup	68	শুরুয়া
semicolon	134	বিরামচিহ্ন	South America	96	দক্ষিণ আমেরিকা
seven	125	সাত	space	99	মহাশূন্য
seventeen	127	সতেরো	space shuttle	99	নভোযান
seventeenth	127	সপ্তদশ	space station	99	মহাকাশ কেন্দ্র
seventh	125	সপ্তম	sparrow	6	চড়ুই পাখি
seventy	129	সত্তর	speaker	53	শব্দ প্রক্ষেপণ যন্ত্র
seventy-one	129	একাত্তর	speed skating	106	স্পিড স্কেটিং
sewing machine	36	সেলাই মেশিন	sphere	130	গোলক
sewing needle	47	সেলাইয়ের সুঁই	spider	11	মাকড়শা
shaker	30	লবণ রাখার পাত্র	spinach	61	পালং শাক
shark	15	হাঙ্গর	spirit level	48	উপরিভাগ সমতল কিনা দেখার যন্ত্র
shaving brush	46	দাড়িতে সাবান লাগানোর ব্রাশ	spoke	72	চাকার স্পোক
sheep	9	ভেড়া	sponge	27	ধোয়ামোছার কাজে ব্যবহার হয় এমন বিশোষক দ্রব
sheet	26	চাদর	spoon	30	চামচ
shelf	27	তাক	spring	116	বসন্ত
shin	23	হাঁটুর নিচে পায়ের সামনের অংশ	spring onion	61	পেয়াজপাতা
ship	78	জাহাজ	square	130	চতুর্ভুজ
shirt	39	শার্ট	square root of	135	বর্গমূল নির্ণয়ের চিহ্ন
shoelaces	41	জুতার ফিতা	squirrel	20	কাঠবিড়ালি
shoes	41	জুতা	stadium	106	স্টেডিয়াম
shorts	39	হাফ প্যান্ট	stage	109	মঞ্চ
shoulder	23	কাঁধ	stamp	122	ডাকটিকিট

staple remover	123	স্টেপলার পিন খোলার যন্ত্র
stapler	123	কাগজ পিন দিয়ে আটকানোর যন্ত্র
staples	123	স্টেপলার পিন
star	131	তারা
starfish	15	তারামাছ
statue	108	মূর্তি
steak	65	পুরু মাংসের ফালি
steering wheel	72	গাড়ির স্টিয়ারিং হুইল
stem	87	গাছের কান্ড
steps	24	সিঁড়ি
stone	91	পাথর
stool	28	বসার টুল বা মোড়া
stopwatch	107	স্টপওয়াচ
stork	6	সারস পাখি
strawberry	55	স্ট্রবেরি
stream	90	পানির ধারা
street	80	রাস্তা
streetcar	77	ট্রাম
stroller	75	শিশুকে নিয়ে বেড়ানোর জন্যে চাকা লাগানো চেয়ার
submarine	79	ডুবোজাহাজ
sugar	69	চিনি
suit	38	স্যুট
suitcase	43	সুটকেস
summer	116	গ্রীষ্ম
Sun	98	সূর্য
sunflower	86	সূর্যমুখী
sunglasses	45	রোদচশমা
sunrise	117	সূর্যোদয়
supermarket	54	বৃহৎ বিপণী
swallow	6	একধরনের ছোট পাখি
swan	6	রাজহাঁস
sweater	39	সোয়েটার
swimming	107	সাঁতার
swimming pool	107	সাঁতারের পুকুর
swimming trunks	38	পুরুষদের সাঁতারের পোশাক
swimsuit	38	মেয়েদের সাঁতারের পোশাক
T__ T-shirt	39	টিশার্ট
table tennis	106	টেবিল টেনিস
tableware	28	বাসনকোসন এবং ছুরিকাঁটা
tadpole	13	ব্যাঙাচি
taekwondo	103	তায়েকোন্দো
tail	20	লেজ
tambourine	112	খঞ্জনী
tape dispenser	121	স্কচটেপ কাটার যন্ত্র
tape measure	50	মাপার ফিতা
tea	71	চা
teapot	31	চা রাখার পাত্র
teaspoon	31	চা-চামচ
telephone	52	টেলিফোন
telescope	121	দূরবীন
television	37	টেলিভিশন
ten	126	দশ
ten thousand	126	দশ হাজার
tennis	107	টেনিস
tent	107	তাঁবু
tenth	126	দশম
theater	109	নাট্যশালা
thigh	21	উরু
third	124	তৃতীয়
thirteen	126	তের
thirteenth	126	ত্রয়োদশ
thirty	128	ত্রিশ
thirty-one	128	একত্রিশ
thread	44	সুতা
three	124	তিন
throat	23	কণ্ঠ
thumb	23	বুড়ো আঙ্গুল
tie	40	টাই
tiger	18	বাঘ
timpani	112	নহবৎ
tire	72	গাড়ির চাকা
toad	13	ব্যাঙ
toast	62	সেঁকা রুটি
toaster	35	রুটি সেঁকার যন্ত্র
toe	21	পায়ের আঙ্গুল
toilet	27	টয়লেট
toilet paper	27	টয়লেট পেপার
tomato	59	টমেটো
toolbox	58	যন্ত্রপাতি রাখার বাক্স
toothbrush	46	টুথব্রাশ
toothpaste	46	টুথপেস্ট
torch	50	টর্চ
tornado	95	শক্তিশালী ঘূর্ণিঝড়
tortoise	13	কচ্ছপ
tow truck	73	যানবাহন বহনের উপযোগী গাড়ি
towel	27	তোয়ালে
tracksuit	38	ট্র্যাকস্যুট
tractor	74	কলের লাঙল
traffic	80	যানজট
traffic light	75	ট্রাফিক বাতি
train	77	রেলগাড়ি
transporter	73	একধরনের মালবাহী গাড়ি
tree	87	গাছ
triangle	131	ত্রিভুজ
trombone	111	ট্রম্বোন
trousers	39	প্যান্ট
truck	73	ভারী পণ্যবাহী গাড়ি
trumpet	111	তূর্য বা তুরী
trunk	72	গাড়ির বুট
tuba	111	টিউবা
tulip	85	টিউলিপ
tuning fork	113	সুর কন্টক
tunnel	81	সুড়ঙ্গ
turkey	8	বিশেষ ধরণের পাখি যার মাংস খাওয়া হয়
turnip	60	গাজর জাতীয় সবজি
turtle	15	কচ্ছপ
tusk	16	হাতির দাঁত
tweezers	46	চিমটা
twelfth	126	দ্বাদশ
twelve	126	বারো
twentieth	128	বিংশতি
twenty	128	বিশ
twenty-first	128	একবিংশতি
twenty-one	128	একুশ
two	124	দুই
two hundred	124	দুইশ
U__ umbrella	43	ছাতা
underground	77	পাতাল রেল
Uranus	98	ইউরেনাস
V__ vacuum cleaner	37	ধুলাবালি পরিষ্কারের যন্ত্র

valley	92	উপত্যকা
van	73	মালবহনের মাঝারি আকারের গাড়ি
vase	33	ফুলদানি
Venus	98	শুক্র
video camera	53	ভিডিও ক্যামেরা
vineyard	86	আঙ্গুরক্ষেত
violin	113	বেহালা
volcano	93	আগ্নেয়গিরি
volleyball	105	ভলিবল
vulture	6	শকুন
W wagon	77	মালগাড়ি
waist	21	কোমর
walking stick	43	ছড়ি
wall	24	দেয়াল
wallet	43	টাকা রাখার ব্যাগ
walnut	65	আখরোট
walrus	15	সিন্ধুঘোটক
wardrobe	26	জামাকাপড় রাখার আলমারি
washing machine	37	কাপড় ধোয়ার মেশিন
wasp	11	বোলতা
waste basket	123	ময়লা ফেলার ঝুড়ি
watch	42	ঘড়ি
water	71	পানি
water lily	85	শাপলা ফুল
water polo	107	ওয়াটার পোলো
water skiing	106	পানিতে স্কিইং
waterfall	100	জলপ্রপাত
watermelon	56	তরমুজ
watermill	100	পানির শক্তিতে চালিত কল
wave	100	ঢেউ
weed	84	আগাছা
week	115	সপ্তাহ
weightlifting	102	ভারোত্তোলন
whale	14	তিমি মাছ
wheat	86	গম
wheel	75	চাকা
wheelbarrow	51	ঠেলাগাড়ি
whistle	123	বাঁশি
white	133	সাদা
wind	95	বাতাস
window	24	জানালা
windscreen	72	গাড়ির সামনের কাঁচের আচ্ছাদন
windscreen wipers	72	গাড়ির সামনের কাঁচের আচ্ছাদন পরিস্কারের জিনিস
wing	6	পাখির পাখা
wing	76	বিমানের পাখা
winter	116	শীতকাল
wolf	17	নেকড়ে বাঘ
wood	88	কাঠ
woodpecker	6	কাঠঠোকরা
wrestling	103	কুস্তি
wrist	23	হাতের কবজি
writing pad	123	লেখার খাতা
Y yacht	78	একরকমের নৌকা
year	115	বছর
yellow	132	হলুদ
yogurt	70	দই
yolk	66	ডিমের কুসুম
Z zebra	19	জেব্রা
zero	129	শূন্য
zipper	44	চেইন